中小学生核心素养系列丛书

U0726869

中小学生
社会主义核心价值观知识

付 刚 编著

海豚出版社
DOLPHIN BOOKS
中国国际出版集团

图书在版编目（CIP）数据

中小学生社会主义核心价值观知识/付刚编著.--
北京：海豚出版社，2021.10（2024.3重印）
（中小学生核心素养系列丛书）
ISBN 978-7-5110-5773-0

Ⅰ.①中… Ⅱ.①付… Ⅲ.①社会主义核心价值观 –
中国 – 中小学 – 课外读物 Ⅳ.① G631.2

中国版本图书馆 CIP 数据核字（2021）第 177460 号

中小学生核心素养系列丛书

中小学生社会主义核心价值观知识

付刚　编著

出 版 人	王　磊	
责任编辑	张　镛	
封面设计	何洁薇	
责任印制	于浩杰　蔡　丽	
法律顾问	中咨律师事务所　殷斌律师	
出　　版	海豚出版社	
地　　址	北京市西城区百万庄大街24号	
邮　　编	100037	
电　　话	010-68325006（销售）　010-68996147（总编室）	
印　　刷	天津睿意佳彩印刷有限公司	
经　　销	新华书店及网络书店	
开　　本	710mm×1000mm　　1/16	
印　　张	6.25	
字　　数	90千字	
印　　数	5001—8000	
版　　次	2021年10月第1版　2024年3月第2次印刷	
标准书号	ISBN 978-7-5110-5773-0	
定　　价	29.80元	

序　言

　　提到社会主义核心价值观，大家一定都不陌生，我们现在的生活中随处可见核心价值观的宣传标语，电视机里也总能看到有关核心价值观的新闻，相信每个人都对社会主义核心价值观有一定的认识，下面我们来完整地看一下社会主义核心价值观的内容。

　　社会主义核心价值观二十四字基本内容：

　　富强、民主、文明、和谐，

　　自由、平等、公正、法治，

　　爱国、敬业、诚信、友善。

　　这二十四字又分为三个层面：

　　富强、民主、文明、和谐是国家层面的价值目标；

　　自由、平等、公正、法治是社会层面的价值取向；

　　爱国、敬业、诚信、友善是公民个人层面的价值准则。

　　看到这里，有的同学肯定会说：这我都知道，我还会背呢！对，很好，这说明我们的社会主义核心价值观已经深入人心，但是同学们有没有考虑过这些问题：核心价值观只需要背下来就可以了吗？我们对核心价值观真的了解透彻了吗？你可以试着回答这几个问题：社会主义核心价值观是怎么形成的？为什么要有社会主义核心价值观？社会主义核心价值观中的每一项又都是什么含义呢？

　　如果你回答不出以上问题，没关系，因为很多人也都回答不了，这就是会有本书出现的原因。本书详细解读了社会主义核心价值观，不仅写到了核心价值观的形成和意义，还详细解读了每一个价值观的含义。

　　看到这里你心里是不是会想：那我还是不看了，不就是干巴巴的理论讲解吗？没意思！对，作为读本，理论讲解是必不可少的，但这本书可不仅仅是理论讲解哦。

本书是笔者透彻了解社会主义核心价值观的内涵后结合自己的理解和多个实例精心编撰而成的，尽可能避免深奥的专业术语和政治术语，运用通俗易懂的语言和生动真实的事例来解说社会主义核心价值观的内在含义。

下面就来看看本书的主体结构和内容吧！本书共有五章三十二小节，短小精悍，结构清晰。每小节均分为三个板块：导言、知识小讲堂和听我说。

"导言"以相关小知识作为引入点；"知识小讲堂"主要讲解本节的核心知识，中间穿插了许多趣味知识和名人故事；"听我说"契合每小节讲到的具体的社会主义核心价值观的内容，一句一字都值得我们细细品味，认真学习，相信大家读后会受益匪浅。

社会主义核心价值观意义重大，其中的每一项都有深刻含义和历史渊源，是中国人的行为准则和精神支柱，每个人都应该了解并在生活中积极践行。

最后，让我们以习近平总书记 2014 年 5 月 30 日在北京市海淀区民族小学主持召开座谈会时的讲话来作为开启这本书的序幕："我们倡导的富强、民主、文明、和谐，自由、平等、公正、法治，爱国、敬业、诚信、友善的社会主义核心价值观，体现了古圣先贤的思想，体现了仁人志士的夙愿，体现了革命先烈的理想，也寄托着各族人民对美好生活的向往。只要是中国人，就应该自觉培育和践行社会主义核心价值观。"

目　录

第一章　读懂社会主义核心价值观

第一节　我们为什么需要社会主义核心价值观 ……… 2

第二节　社会主义核心价值观的形成历程 ……… 5

第三节　社会主义核心价值观提出的意义 ……… 8

第四节　社会主义核心价值体系 ……… 11

第五节　核心价值观是文化软实力 ……… 14

第六节　文化自信的力量 ……… 17

第二章　国家层面的价值目标：富强、民主、文明、和谐

第一节　富强就是民富国强 ……… 22

第二节　国家强大，人民才能幸福 ……… 25

第三节　人民当家做主才是民主 ……… 28

第四节　文明要"五位一体" ……… 31

第五节　人人过上幸福生活的和谐社会 ……… 34

第三章　社会层面的价值取向：自由、平等、公正、法治

第一节　做自己的主人，对自己负责 ················· 38

第二节　国学中的"自由之道" ···················· 41

第三节　传统文化中的"平等观" ·················· 44

第四节　平等是现代社会的基石 ··················· 47

第五节　公平正义促和谐 ························ 50

第六节　法律是治国重器，良法是善治前提 ········· 52

第四章　个人层面的价值准则：爱国、敬业、诚信、友善

第一节　爱国是永不过时的价值议题 ··············· 56

第二节　爱国爱家是人类生存的本能 ··············· 59

第三节　敬业乐业才能专业 ······················ 62

第四节　诚信是为人之本、兴国之基 ··············· 64

第五节　友善待人，冷静处世 ···················· 67

第六节　修身做人讲"八德" ····················· 70

第五章　培育和践行社会主义核心价值观

第一节　少年强则国强 ·························· 74

第二节　从传统文化中汲取营养 ··················· 77

第三节　知行统一，内心认同 ···················· 80

第四节　人人参与，人人实践 ···················· 83

第五节　总书记对青年学生的"八字嘱托" ··········· 86

第六节　时代楷模树榜样 ························ 89

第七节　争做时代好人，做好人没那么难 ··········· 91

第一章　读懂社会主义核心价值观

第一节　我们为什么需要社会主义核心价值观

导言

什么是社会主义核心价值观？

社会主义核心价值观二十四字基本内容：

富强、民主、文明、和谐，

自由、平等、公正、法治，

爱国、敬业、诚信、友善。

这二十四字又分为三个层面：

富强、民主、文明、和谐是国家层面的价值目标；

自由、平等、公正、法治是社会层面的价值取向；

爱国、敬业、诚信、友善是公民个人层面的价值准则。

知识小讲堂

我们为什么需要社会主义核心价值观？

想要了解社会主义核心价值观，我们先要明白什么是价值观以及什么是核心价值观。

价值观就是一个人评判是非对错的标准，是人们内心的一把尺子。核心价值观就是一个社会群体拥有的是非价值标准，是一个组织或群体文化的核心。比如说我们平常谈论一个人好与坏，评判一件事情中谁对谁错，都是由我们的价值观所决定的。

价值观对于每个人都是非常重要的，因为价值观可以决定人们对自我的认识，可以影响和决定一个人的目标和追求。为什么这么说呢？我们可以看到这个世界有非常多的人在自己的岗位上辛勤工作，作出许多突出贡献。他们中有科学家、教师、医生，也有各行各业的普通人，那是因为他们都有正确的价值观以及正确的目标：为了国家富强、社会和谐和自己的幸福努力奋斗。反之，也有许多人消极生活，得过且过，甚至走向违法犯罪的道路，就是因为缺乏正确的价值观。所以说，价值观对于一个人人生的影响是非常大的，树立正确的价值观是非常有必要的。

社会主义核心价值观就是每个中国人应该树立的正确价值观，也是我国在追求建设新时代特色社会主义这个共同目标过程中，每个中国人需要秉持的价值观，是每个公民判断当下行动是非与价值的标尺。

◆　二十四字社会主义核心价值观

中共中央党校教授谢春涛曾说："一个社会一定要有一个主流价值观，支配我们绝大多数人的行为，如果没有一个主流价值观，这个社会肯定是病态的。"

从中华人民共和国成立到现在，我国经历了成立初期的困难与动荡、改革开放大变革和经济的大发展，无论哪个时期，支撑和影响我们前进的都是一种内在的精神力量，这就是社会主义核心价值体系。

我国现在正处于前所未有的改革、发展和开放进程中，科技的发展日新月异。这是我国从没经历过的一个新阶段，也是我们每个人从没经历过的新生活，全新的社会环境带给每个人全新的体验，于是也形成了各种不同的价值观念。这时候我们就需要有一个正确的、统一的价值观来引导。

就是在这样一个时期，我国提出了社会主义核心价值观。社会主义核心价值观是每个人共同的价值观，给予每个人共同的内在的精神支柱和价值支撑，引导我们的行动、增强我们的信心，从而朝着统一的目标共同奋进。所以，社会主义核心价值观需要每个人都了解并当作自己的行事准则，我们每个人都需要核心价值观。

听我说

核心价值观是一个社会评判是非曲直的价值标准，也是一个国家最持久的精神力量。一个国家如果没有核心的价值观，那人们就不知道什么是正确的，什么是错误的，不知道什么该做，什么不该做，整个社会和国家就会找不到前进的动力和方向。所以，核心价值观是一种精神追求，是每个人甚至是整个社会和国家的精神追求，有了这个精神追求，心灵才有了依靠，行动才有了意义。

第二节　社会主义核心价值观的形成历程

导言

2012 年 11 月，中国共产党第十八届全国代表大会报告提出三个"倡导"，即倡导富强、民主、文明、和谐，倡导自由、平等、公正、法治，倡导爱国、敬业、诚信、友善，积极培育社会主义核心价值观。这是对社会主义核心价值观的最新概括。

知识小讲堂

每个人都有自己的价值观，每个国家和民族也都有自己的价值体系和价值观，我国拥有的价值体系叫作社会主义核心价值体系，其内核就是社会主义核心价值观。核心价值体系和核心价值观都不是突然出现的，也不是一天形成的，是中国在走特色社会主义道路的过程中逐渐摸索总结出来的。下面就来看我国社会主义核心价值观的形成过程。

1949 年中华人民共和国成立，从那时起就确立了马克思主义是我们国家建设的指导思想，直到现在，马克思主义仍是社会主义核心价值体系的指导思想。

经历了中华人民共和国成立初期的动荡，1978 年 12 月，党的十一届三中全会重新恢复和确立了实事求是的思想路线，继续将马克思主义和我们国家的建设相结合，科学地继承毛泽东思想的同时，又创造出了中国化的马克思主义——邓小平理论、"三个代表"重要思想、科学发展观、习近平新时代中国特色社会主义思想，这都为社会主义核心价值观的形成打下了基础。

2006 年 3 月，在时代的呼唤下，以"八荣八耻"为代表的社会主义荣辱观为社会主义道德建设指明了方向，成为社会主义核心价值体系的具体体现。同年 10 月，在党的十六届六中全会第一次明确提出了"建设社会主义核心价值体系"的重大命题，并指出社会主义核心价值观是社会主义核心价值体系的内核。

2011 年 10 月，党的十七届六中全会强调，文化的发展繁荣需要社会主义核心价值观的推动，时代的发展需要核心价值观，社会的进步也需要核心价值观，所以提炼出便于践行的社会主义核心价值观便变得迫切且具有重要意义。

◆ 中国共产党第十八次全国代表大会

到了 2012 年 11 月，社会主义核心价值观终于形成清晰明确的二十四字，在中共十八大报告中明确提出三个"倡导"，即"倡导富强、民主、文明、和谐，倡导自由、平等、公正、法治，倡导爱国、敬业、诚信、友善，积极培育社会主义核心价值观"，这是对社会主义核心价值观的最新概括。

此后，社会主义核心价值观成为国家建设和人民生活的重要指导，融入社会发展的方方面面，也成为每个中国人的座右铭。

2018 年 3 月 11 日，"国家倡导社会主义核心价值观，提倡爱祖国、爱人民、爱劳动、爱科学、爱社会主义的公德"，正式写入《中华人民共和国宪法修正案》。

听我说

我们知道了核心价值观的重要性，知道了核心价值观是一个国家的精神力量，那么我们应该坚守什么样的核心价值观呢？

在经过了不断地摸索和发展之后，社会主义核心价值观终于确定下来，二十四字就是我们现在要建立和践行的核心价值观。这是符合我国文化传统和国情的核心价值观，也是关乎每个人、关乎国家和社会的核心价值观，这就是我们应该坚守的价值观。

第三节 社会主义核心价值观提出的意义

导言

2013年12月23日，中国共产党新闻网公布中共中央办公厅印发的《关于培育和践行社会主义核心价值观的意见》（以下简称《意见》）。在《意见》中提出了社会主义核心价值观"二十四字"，其中富强、民主、文明、和谐是国家层面的价值目标，自由、平等、公正、法治是社会层面的价值取向，爱国、敬业、诚信、友善是公民个人层面的价值准则。

知识小讲堂

核心价值观是一个民族的精神支柱，是人民的行动导向。不管是个人还是国家，想要丰富精神世界、建设精神家园都需要核心价值观的建立和支撑。所以，社会主义核心价值观的提出和坚持具有重要意义。

从国内大局来看，我国现在处于社会主义发展的新阶段，改革开放迎来了经济发展，也迎来了人们观念的改变。通信和交流变得方便快捷，人们获取知识和信息的渠道也变得异常广泛：手机、电脑、电视、户外广告等，大量的信息不断映入眼帘、涌入脑海，人们的固有观念不断被刷新，思想意识也随之变得越来越多元化。这是社会发展进步的必然趋势。但是在庞杂的信息中不免夹杂着错误的观念和论点，比如宣扬拜金主义、崇尚奢侈消费、贬低勤劳吃苦以及散播一些低俗的审美趣味等，这些有可能会给人们尤其是价值观还不成熟的青少年带来错误的引导。

面对这样的新形势，如何才能使人民摆脱错误的价值引导，从而坚定走中国特色社会主义道路的理念，增强人民的文化自信？答案是需要社会主义核心价值观的引导。社会主义核心价值观对个人提出的要求是：爱国、敬业、诚信、友善。这就给处在纷杂价值观中的中国人民一个正确的指引，能够确保中国特色社会主义道路始终朝着正确的方向前进。

◆ 全民奋进，共同迈入小康社会

我国正处于从中等收入向高收入国家迈进的机遇期，而且国家正在大力推进全面改革、调整经济结构、反腐倡廉，在改革的过程中不可避免地面临许多可知和不可知的风险，这一阶段，有可能面临经济的失调、社会的失序、心理的失衡，所以必须解决好价值观的问题，让社会主义核心价值观发挥出强大的凝聚力和感召力，使所有人坚定不移地走中国特色社会主义道路，实现中华民族伟大复兴的中国梦。

听我说

一个人的价值观，是这个人的精神支柱，也是这个人的行动导向。一个国家的价值观就是这个国家的精神支柱和所有国民的行动导向。社会主

中小学生社会主义核心价值观知识

义核心价值观包含国家层面、社会层面和个人层面三个方面的价值准则，所以社会主义核心价值观的提出和明确，给予了整个国家、整个社会以及所有人一个明确的导向，帮助人们建立正确的价值观，抵御其他国家别有用心的干扰，因此具有重大意义。

第四节　社会主义核心价值体系

导言

马克思主义依据社会经济形态将人类社会划分为原始社会、奴隶社会、封建社会、资产主义社会和共产主义社会。其中共产主义社会是一种高级的社会形态，是人类追求的最进步最美好的社会制度，是人类社会发展的方向。而社会主义社会是共产主义社会的初级和中级阶段。

社会主义与资本主义是当代社会发展最主要的两种形态，而且是相互对立的。我国是社会主义国家，实行的是中国特色社会主义制度，坚定不移地走中国特色社会主义道路，最终目的是实现人民当家做主。

知识小讲堂

社会主义核心价值体系正是社会主义制度的内在精神和灵魂。社会主义核心价值体系是一个整体，包括四个方面的内容，即马克思主义指导思想、中国特色社会主义共同理想、以爱国主义为核心的民族精神和以改革创新为核心的时代精神、社会主义荣辱观。

其中马克思主义是指导思想，中国特色社会主义共同理想是主题，民族精神和时代精神是灵魂，社会主义荣辱观是具体体现。它们是一个有机整体，共同构成了我国的社会主义核心价值体系。如果把社会主义核心价值体系比作一辆汽车的话，那么马克思主义就像是"方向盘"，中国特色社会主义共同理想就是四个"轮子"，民族精神和时代精神就是"发动机"，社会主义荣辱观就是"车身"。它们共同组成一辆汽车，正助力我国在社会主义大道上飞驰向前。

下面我们来逐一理解社会主义核心价值体系四个方面的内涵。

第一个方面：马克思主义指导思想

马克思主义是我国立国和立党的根本指导思想，其提供的科学世界观和方法论是社会主义核心价值体系的基础和方向。

为什么马克思主义可以成为我国建设的指导思想呢？因为马克思主义的科学性和革命性，也因为它揭示了人类社会发展的本质规律。而且马克思主义是一个有生命力的理论体系，可以吸收和借鉴各种优秀的文化思想进而不断发展壮大。中国共产党成立以来正是依靠着马克思主义，在不断地摸索创新下形成了适应中国实际情况的毛泽东思想、邓小平理论、"三个代表"重要思想、科学发展观、习近平新时代中国特色社会主义思想，而且依靠着这些思想的指导，走向了富强和强大。

第二个方面：中国特色社会主义共同理想

中国特色社会主义是以马克思主义为指导思想结合中国实际情况而形成的独特形态。中国特色社会主义的共同理想就是在中国共产党的领导下走中国特色社会主义道路，实现中华民族的伟大复兴。我们要复兴的是中华民族曾经的辉煌，创造影响世界的成就，留下适用于全世界的文明成果。

◆ 伟大的共产主义导师卡尔·马克思

第三个方面：以爱国主义为核心的民族精神和以改革创新为核心的时代精神

历史上的中华民族多灾多难，有外来的侵略，有内部的战乱，但是始终能够生生不息，靠的就是民族精神。现在我们要实现中国特色社会主义共同理想也需要精神动力，要依靠中华民族自古以来勤劳勇敢、自强不息的民族精神和在社会主义新时期形成的勇于创新的时代精神。

第四个方面：社会主义荣辱观

以热爱祖国为荣，以危害祖国为耻。

以服务人民为荣，以背离人民为耻。

以崇尚科学为荣，以愚昧无知为耻。

以辛勤劳动为荣，以好逸恶劳为耻。

以团结互助为荣，以损人利己为耻。

以诚实守信为荣，以见利忘义为耻。

以遵纪守法为荣，以违法乱纪为耻。

以艰苦奋斗为荣，以骄奢淫逸为耻。

社会主义荣辱观是社会主义核心价值体系的具体体现。它非常清晰明了地告诉我们应该以什么为荣，以什么为耻，让我们明白了应该追求真善美，唾弃假恶丑。

社会主义核心价值体系是中国特色社会主义的价值体系，是中国坚持社会主义制度和坚持走社会主义道路的一面精神旗帜；社会主义核心价值观是其内在核心，是旗帜上最亮眼的五星。

听我说

我国是社会主义国家，有一套完整的核心价值体系，也就是社会主义核心价值体系。社会主义核心价值体系是一整套连贯有序的价值观，是我国在社会主义这条道路上一步一步摸索出来的独一无二的价值体系。价值体系中的每一个组成部分都是不可或缺的，坚持社会主义核心价值体系就是坚持中国特色社会主义道路，就是构筑属于当代中国的精神长城。

第五节　核心价值观是文化软实力

导言

近年来，我国在航空航天、军事、科技、经济等方面都有飞速的发展，并取得了许多重要成就。

2017 年 4 月 20 日我国首艘货运飞船天舟一号发射成功；2017 年 11 月 5 日北斗三号成功发射，标志着北斗导航系统进入新时代；2017 年 11 月 27 日"悟空"探测器首次发现宇宙暗物质。

国产航空母舰下水，最先进的隐形战斗机歼-20、远程重型运输机运-20 正式加入空军系列，第一个长时无人侦察机"长鹰"研制成功等。

全球最大的球面射电望远镜"天眼"建设成功并投入使用；超级计算机"天河二号"夺得世界 500 强冠军；载人深潜器"蛟龙号"是目前世界上下潜能力最深的潜水器；高铁复兴号速度世界第一……

军事、科技、经济的发展与取得的成就表明我们国家硬实力在不断增强。

知识小讲堂

国家实力分为两种，一种是硬实力，一种是软实力。一个国家的硬实力体现在经济、军事、科技方面达到的水平；而软实力则是一种"无形"的存在，包括民族的精神凝聚力、国家的文化水平、法律环境、管理能力、国民形象以及核心价值观等。

这就像一个人分为外在和内在一样。硬实力就像外在的身体，是实实在在存在的，是看得见摸得着的，是强是弱一看便知。而软实力就像人的内在，像人的精神层次和文化水平，是一种综合能力的体现，是文化、教育、心态等多方面综合构成的力量。我们光有健康的身体是不够的，还必须要有正确的价值观、健全的思维和良好的文化素质。国家也同样需要硬实力和软实力兼得，才能取得稳步发展。

美国学者约瑟夫·奈认为一个国家的软实力就是国家文化的巨大力量。中国人民大学程天权教授认为软实力可分为两部分：外部软实力和内部软实力。外部软实力包括国家的创造力、思想影响力、观念文化的亲和力及文化产品的传播能力和辐射能力等；内部软实力包括凝聚本国人民的民族精神和传统文化等。

无论是对国家软实力的哪种解读，都透露出一点，那就是国家软实力的重要性。评判一个国家的发展水平不仅要看经济军事实力，还要看这个国家的软实力水平。一个国家或许可以通过硬实力征服或压制其他国家，但是也可以通过软实力来让其他国家信服，而非威逼利诱，正所谓"君子不战而屈人之兵"。硬实力是国家发展软实力的基础，反过来软实力的提升又可以促进硬实力的增强。

◆ 代表中国传统科技文化的四大发明

正因为软实力如此重要，所以必须要提升我国的软实力。如何提升？

就像一个人想要提升自己的内在修养就必须有一个追求和评判标准一样，一个国家想要提升软实力也需要有这样的追求和认同。所以，想要提升国家软实力首先要树立正确的核心价值观。核心价值观可以凝聚民族精神，规范自我行为，引导人们树立正确的目标，从而提升国家的整体软实力。

听我说

与硬实力相比，文化软实力看不到摸不着，可是文化软实力却具有非常重要的作用。一列火车想要跑得又快又稳，既离不开发动机、车轮、铁轨等硬件支持，同时也离不开调度、驾驶等人为管控。国家这列火车要想跑得又稳又快，除了要有硬实力的坚不可摧，还要有软实力的调度管控。国家的软实力取决于核心价值观的凝聚力，因此核心价值观的践行是重中之重。

第六节　文化自信的力量

导言

2004年11月21日，全球首家"孔子学院"在韩国首尔揭牌成立。

短短十几年，孔子学院在世界各国遍地开花。截至2021年4月，孔子学院已经在全球150多个国家和地区开设课堂，累计培养各国学员数千万人。

孔子学院红遍全球说明了中华文化有极高的魅力和生命力，孔子学院的创办和发展，增进了世界对中国语言和文化的了解，是中国文化对外展示和交流的窗口，让世界人民感受到中国传统文化的魅力。

知识小课堂

习近平总书记曾经指出："核心价值观是文化软实力的灵魂、文化软实力建设的重点。这是决定文化性质和方向的最深层次要素。一个国家的文化软实力，从根本上说，取决于其核心价值观的生命力、凝聚力、感召力。"

社会主义核心价值观，就是我们中华民族文化自信的核心和灵魂，中华民族文化虽然经历盛衰变迁，但始终延绵不绝。其根本原因在于横贯其中的精神灵魂，而在今天这个时代，核心价值观就是我们经过长期积淀而总结出的民族之魂。

社会主义核心价值观巩固着文化自信，而文化自信又反过来成为我们每个人的心灵支柱，想想我们中华民族辉煌的文化历程，我们每个人都应该感到无比自豪。

中华文化源远流长，博大精深。在漫长的历史进程中，中华民族运用

17

自己的智慧创造出了无数光辉灿烂的文化：建筑、绘画、书法、文学、饮食、服饰……

中国的四大发明——造纸术、指南针、火药、印刷术，不仅推动了古代中国社会的政治、经济、文化发展，更是对世界的文明与发展起到了重要作用。

中国世界遗产总数居世界第一。我们所熟知的北京故宫、八达岭长城、武当山古建筑群、拉萨布达拉宫、承德避暑山庄、曲阜孔庙、苏州古典园林等，不仅是中国古代人民的劳动结晶，更是世界人民的伟大遗产。

在绘画方面，有自成体系的"国画"，水墨丹青，笔法飘逸，意境悠远。历朝历代都有著名的画家，像张择端、黄公望、张萱、周昉、韩滉……更是留下了无数价值连城的传世名画：《清明上河图》《富春山居图》《唐宫仕女图》《五牛图》等。

◆ 中国文化代代相传

中国古代文学成就亦是斐然，诗词是其中最为重要和成就最高的存在。中国的诗词文化起源于上古时期，绵延千年，唐宋时期达到鼎盛，留下了无数脍炙人口的名篇。每个中国人都有一首启蒙诗，诗词文化已经成为中国人骨子里的文化标志。

此外，中国传统文化还有音乐、书法、戏曲、服饰、饮食等。中华传统文化历经几千年，长盛不衰，是中国独有的文化标志，也是中华民族的灿烂瑰宝。

随着时代的变迁，新的文化元素不断补充和更新，成就更为丰富多彩的中国文化。

在革命年代，孕育了井冈山精神、长征精神、西柏坡精神，在中华人民共和国成立初期涌现出大庆精神、雷锋精神，新时代的中国有奥运精神、航天精神等，这些也都是中国文化。

中华优秀的传统文化凝结着古代先贤的智慧，至今仍然闪耀着璀璨的光芒；革命文化和社会主义先进文化，是我们对传统文化的继承和创新。这些都是我国和民族独有的文化，是每个中国人的"根"和"魂"，成就了每个中国人的底蕴和气质，是我们文化自信的来源。我们应该为有这样的文化感到自豪，为自己是中国人感到自豪！

听我说

我国有 960 万平方千米的国土面积，有 14 亿同胞，有 5000 年的历史延续，我们的文化灿烂绚丽，我们的精神绵延不断。漫长而深厚的文化底蕴给了我们无尽的历史养分，这是我们身为一个中国人的骄傲和自豪，更是背靠泱泱大国来自内心的文化自信。有了这样的自信，我们一定会迈开矫健的步伐，走出属于自己的光明之路。

第二章 国家层面的价值目标：富强、民主、文明、和谐

第一节　富强就是民富国强

导言

富：财产多；充裕、充足。如"富足""富饶"。

强：力量大、势力大；程度高。如"强大""强健"。

富强：（国家）出产丰富，力量强大，富足而强盛。

"富强"历史出处：

《管子·形势解》："主之所以为功者，富强也。故国富兵强，则诸侯服其政，邻敌畏其威。"

《史记·李斯列传》："李公用商鞅之法，移风易俗，民以殷盛，国以富彊（强），百姓乐用，诸侯亲服。"

知识小课堂

"富"字拆开看，宝盖头代表家庭，一横代表安稳，一口代表人员，一田代表田地。这表明一个家庭或一个国家有众多的人口、富足的土地、稳定的经济，就是富。富强是社会主义现代化国家经济建设的应然状态，是中华民族梦寐以求的美好凤愿，也是国家繁荣昌盛、人民幸福安康的物质基础。

春秋时期，齐国的宰相管仲曾写下《管子·形势解》，里面提到治国之术："主之所以为功者，富强也。故国富兵强，则诸侯服其政，邻敌畏其威。"这句话的意思是：君主的功绩，在于使国家走向富强。做到国富兵强，各方诸侯就会服从他的政令，邻邦也因敬畏其威力而不敢来侵犯。

管仲的理念充分表述了富强对于一个国家的重要性。一个国家一个民族最重要的是独立自主，一切的经济建设和文化建设都是建立在国家独立自主的基础之上的。富强可以说是国家稳固的根基，民富国强则人民幸福安定，国力强大则外国不敢入侵。相反，如果没有富强作为基础，势必会遭到内部的反抗和外部的侵略。

富强的理念放到今天仍然适用。"富强"是社会主义核心价值观在国家层面的第一个要求，"富"指经济发达、人民富裕；"强"指军事、政治、科技、教育等水平领先世界；"富强"便是民富国强。建设富强的国家，就是实现国家的工业现代化、农业现代化、国防现代化、科技现代化、信息网络化和环保生态化、人民（身体素质、文化素质等）现代化。

◆ 我们的生活水平在不断地提升

我们之所以可以拥有今天和平幸福的生活，都是建立在国家富强的基础之上，都得益于我国综合国力的强大。就在 100 多年前，我国还是被帝国主义列强随意践踏和分割的"东亚病夫"。因为晚清政府的腐败、故步

23

自封，虽泱泱大国却积贫积弱。国家落后、人民贫困，社会和经济的发展远不及西方列强，所以才有了中国近代最令人屈辱和痛心的历史。

虽然我国现在的发展已经取得很大的成就，被侵略的灰暗历史也已经一去不复返，但要防止历史重演，就要求我们把国家富强当作社会主义现代化建设的首要目标和责任，把富强放在建设社会主义核心价值观的第一位。

听我说

从历史来看，中国曾经是世界强国。可是到了近代社会，我国却经历了一段黑暗屈辱的历史。这背后最重要的原因就是国家不再富强，以至于挨打都没有还手之力，所以建设富强的国家是社会主义核心价值观在国家层面的首要目标。

第二节　国家强大，人民才能幸福

导言

2012 年 11 月 29 日，习近平总书记提出伟大的"中国梦"指导思想。什么是中国梦？习近平总书记说："实现中华民族伟大复兴，就是中华民族近代以来最伟大的梦想。"那么什么又是中华民族伟大复兴呢？那就是实现国家富强、民族振兴、人民幸福。

知识小课堂

中国梦首先是强国之梦，是实现国家富强之梦。国家富强，民族振兴才有坚实的基础，人民幸福才有根本的保障。鸦片战争后的 100 年历史表明：落后就要挨打，就会在国际社会备受欺凌；国家不强，根本无法保障人民的幸福生活。改革开放 40 年的实践也证明，人民生活水平的不断提高，是建立在国家稳定发展的基础上的。所以，要实现中国梦，首先要建立一个富强的国家。同时，国家富强的最终落脚点是为了人民的幸福，只有人民过上幸福富裕的生活，国家才能真正安定强大。

民富才能国强。国强是民富最根本的安全保障，民富则是国强的内生动力。没有人民富裕，发展就不算成功；没有人民幸福，复兴就不算完成。实现中华民族伟大复兴，就是要让中国人民有更好的教育、更稳定的工作、更满意的收入、更可靠的社会保障、更高水平的医疗卫生服务、更舒适的居住条件、更优美的环境。进一步说，就是要让中国人民过上更加富裕、更有尊严的生活，实现每个人自由而全面的发展。

中国梦是中华民族伟大复兴的梦。在漫长的历史中，中华民族创造过多次引领世界的强盛阶段。实现中华民族的伟大复兴，就是要让中国再一次成为世界上的强国，屹立于世界民族之林。

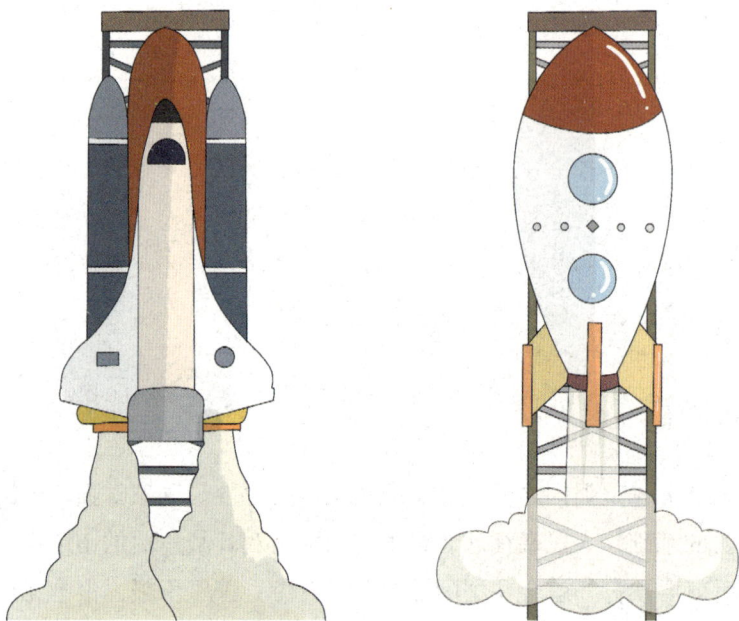

◆ 中国航天梦正在实现

　　中国梦是国家的梦，也是每个公民的梦。自中国梦提出后，全国各地各行各业都提出了自己的"中国梦"，有中国航天梦、体育强国梦、吉林梦、广东梦、四川梦、陕西梦……政治、经济、文化、科技等领域都涌现出一批努力奔梦和实现梦想的人们：袁隆平、龙永图、吴敬琏、莫言、李娜等，都在属于自己的领域努力追求自己的"梦"。

　　国富才能民强，只有实现伟大中国梦，每个人才能实现自己的"梦"；民强才能国富，每个人都为自己的梦想努力奋斗，最终会汇聚成巨大的力量，实现中华民族的伟大复兴。

听我说

习近平总书记在联合国总部的演讲中曾说："实现中华民族伟大复兴的中国梦，就是要实现国家富强、民族振兴、人民幸福。"人民的福祉，就是党和国家奋斗的目标，而国家强大的背后，也必然有着千万个富裕的小康之家。

第三节　人民当家做主才是民主

导言

民：以劳动群众为主体的社会基本成员。如"人民""民法"。

主：1. 权力或财物的所有者，家庭的首脑。如"主人""物主"。2. 对事物的意见或认为应当如何处理，决定。如"主张""主意"。

民主：一种社会状态，其特点是人民有参与国事或对国事有自由发表意见的权利。

"民主"历史出处：

《尚书·多方》："天惟时求民主，乃大降显休命于成汤。"

《文选·班固〈典引〉》："肇命民主，五德初始。"蔡邕注："民主，天子也。"

郑观应《盛世危言·议院》："君主者，权偏於（于）上；民主者，权偏於（于）下；君民共主者，权得其平。"

知识小课堂

中华人民共和国，简称中国，是工人阶级领导的、以工农联盟为基础的人民民主专政的社会主义国家。

这个定义指出了我国的根本性质是社会主义国家，国家制度是人民民主专政。也就是说人民才是国家的主人，国家是为人民服务的。

人民民主专政是无产阶级专政的一种形式。人民民主的本质是人民当家做主，就是国家的最终权力源于人民，接受人民的监督和制约。

"人民"究竟是指什么人？在我国，包括工人、农民、知识分子和其他社会主义劳动者，拥护社会主义的爱国者，拥护祖国统一的爱国者在内的全体人民都是国家和社会的主人。他们都平等享有管理国家和社会事务的权利。

"人民"又拥有哪些权利呢？我国宪法第二章确认我国公民享有政治、经济、文化等社会生活各方面的广泛的民主自由权利，包括平等权、选举权和被选举权、宗教信仰自由、人身自由权、诉愿权等。这些权利都是人民实现当家做主的具体表现。

怎么保障"人民"的权利呢？答案是制度、法律和物质的保障。人民代表大会制度是我国的根本政治制度，全国人民代表大会是我国的最高权力机关，人民代表由人民选举产生，保障的是人民的权益。

◆ 中国是一个包含各民族人民的大集体

社会主义核心价值观中国家层面的要求是"富强、民主、文明、和谐"，其中国家富强是人民幸福的基础，人民民主则是人民幸福的保障。"民主"就是人民做主，就是每个公民都拥有平等的权利，而且有法律和制度来保障每个人的权利不受侵害，这才是真正的人民当家做主。

实行人民民主符合中国国情，也符合中国人民的愿望。我们要坚定不移地走中国特色社会主义的发展道路，推进社会主义民主政治建设，不断加强人民当家做主的制度保障，加快推进国家治理体系和治理能力现代化，充分调动人民的积极性、主动性、创造性，更加切实、有成效地实施人民民主。

听我说

民主的意思就是人民当家做主。人民有参与国事或对国事有自由发表意见的权利。在我国，全国人民代表大会是我国最高权力机关，这就保证了一切权力属于人民。

第四节　文明要"五位一体"

导言

文：1. 事物错综所造成的纹理或形象。如"灿若文锦"。2. 记录语言的符号。如"文字"。3. 用文字记下来以及与之有关的。如"文献"。

明：亮，与"暗"相对。如"明亮"。

文明：人类所创造的财富的总和，特指精神财富，如文学、艺术、教育、科学。精神文明，指人类社会发展到较高阶段并具有较高文化的状态。

知识小课堂

文明是建设社会主义现代化国家的社会状态，是对面向现代化、面向未来的民族文化的统称，是实现中华民族伟大复兴的重要支撑。在宏观方面，文明拥有丰富的含义，具体可以被解释为物质文明、政治文明、精神文明、社会文明和生态文明。

物质文明指的是人类物质生活发展进步的成果，是生产力发展水平的体现，物质文明程度越高就代表经济和物质生活越发达。中国的物质文明有各种文化遗址、历朝历代皇帝的陵墓、青铜器、玉器、陶瓷等。

政治文明指人类社会政治生活的进步状态和政治发展取得的成果。中国历史上的政治文明成果有开元盛世、文景之治等。社会主义国家的政治文明强调每一个公民都拥有参与管理国家事务的权利。

精神文明指的是人类创造的精神财富，包括思想、道德、科学、文化、教育等方面取得的成果。中国的精神文明成果有传统文化、儒家思想、雷锋精神、时代楷模等。

社会文明是物质文明、精神文明、政治文明等成果的总和。

生态文明是相对于工业文明来说的，是人类文明的新形态，是人类遵循自然与社会规律而取得的物质与精神成果。

"五个文明"之间互相推动互相影响，是息息相关、紧密联系的。比如物质文明是精神文明发展的基础，反过来精神文明又可以为物质文明发展提供思想条件。古语云"仓廪实而知礼节，衣食足而知荣辱"，说的就是物质文明是精神文明的基础，人们只有在满足基本的生存条件之后，才能懂得礼仪、懂得道德。

◆ 文明从身边小事做起

党的十八大报告中指出，建设中国特色社会主义，总依据是社会主义初级阶段，总体布局是"五位一体"，总任务是实现社会主义现代化和中华民族伟大复兴。其中"五位一体"指的是，全面推进经济建设、政治建设、文化建设、社会建设、生态文明建设，实现以人为本、全面协调可持续的科学发展。

经济建设、政治建设、文化建设、社会建设、生态文明建设的"五位一体"分别对应五个文明：物质文明、政治文明、精神文明、社会文明和生态文明。"五位一体"是五个文明的前提和基础，要想实现五个文明就要把"五位一体"建设好。

社会主义经济文化的建设和发展必然促进物质和精神文明的发展；建设社会主义的政治文明，必须全面加强政治建设，不断推进社会主义民主法治建设的进程；生态文明建设以尊重和认知自然为前提，保护和建设生态环境，树立新的生态文明形态。因此，国家层面的文明建设是要推动五个文明协调发展，把我国建设成为富强民主文明和谐美丽的社会主义现代化强国，实现中华民族伟大复兴。

听我说

文明是人类社会发展到较高的阶段才有的文化状态，指的是人类精神财富的总和。社会主义核心价值观中的"文明"一项，也包含丰富的内容，分别是物质文明、政治文明、精神文明、社会文明和生态文明，这五个方面是紧密相连、息息相关的。

第五节　人人过上幸福生活的和谐社会

导言

和：相安，谐调。如"和睦"。

谐：配合得当。如"谐音"。

和谐的字面意思是：和睦与协调。而在社会主义核心价值观中，和谐体现的是一种学有所教、劳有所得、病有所医、老有所养、住有所居的生动局面，它是中国传统文化的基本理念，是中国古人理想中的小康社会的美好状态。

"和谐"历史出处：

《诗·周南·关雎》："关关雎鸠。"汉郑玄笺："后妃说乐君子之德，无不和谐。"

知识小课堂

从古至今，中国人都梦想着一个美好的大同世界，那么这个大同世界是什么样子呢？古籍中告诉我们是"老有所终，壮有所用，幼有所长，鳏寡孤独废疾者皆有所养……"这句话的意思是年老的人能够得到很好的照料，青壮年能够充分施展其才能，少年儿童能够健康成长，老年丧偶的人、老年丧子的人、年少的孤儿和残疾人都能得到好的供养。

看了古人的梦想，这不就是对我们和谐社会的诠释吗？我们构建社会主义和谐社会，就是要建成百姓丰衣足食、人民安居乐业、少年健康成长的社会。

和谐，我们首先要强调的是物质的和谐，建成社会主义现代化国家，要有丰富的物质财富作为基础，要有人民生活水平的提高做保障。

　　看看我们现在的生活，超市四季都有新鲜的蔬菜水果，商场有来自全国各地乃至世界各地的商品，家中有现代化家居与智能设备带来的便利，之所以有今天的幸福美满的生活，都是因为国家的实力提升和经济的发展。

　　和谐的另一层含义是人与人之间的和谐，一个和谐的社会应该是一个人们互敬互爱的社会。在这样的社会里，少年儿童首先能获得良好的教育。

◆ 感谢国家让我们过上了和谐幸福的生活

　　近些年，我国在教育领域的投入不断增加，少年儿童的受教育环境越来越好。一幢幢干净整洁的校舍，一台台坚固快捷的校车，还有不断增加的电子教学设备，这些物质方面的保障让教育在我国率先迈入了现代化。强调素质教育，让孩子在教育中感受到快乐；增加人文教育，让孩子了解更多民族文化知识，这些又是教育在精神层面的提升。

　　和谐的更深一层含义是让人人有创造价值的机会，让劳动者感受到社会的公平公正。社会经济发展，各行各业欣欣向荣，劳动者才有更多更广的就业机会，人人在自己的岗位上勤劳奉献，才能使自己劳有所得，而创造出来的价值才能让更多的人享受物质财富和精神财富。

　　和谐还要求让弱势群体得到应有的照顾。如让患病者能够得到医治，让老年人能够得到社会的照顾、安度晚年。近些年，我们的政府投入很大精力完善社会保障体系和公益事业，目的就是要尽一切可能照顾好弱势群体，让病有所医、老有所养。

　　住房是千百年来中国人的头等大事，连杜甫都说"安得广厦千万间，大庇天下寒士俱欢颜"，和谐的另一层含义则是让中国家庭都拥有自己的美好住所。政府三番五次强调房住不炒，构建和谐的房地产市场，目的也是让中国家庭都买得起房，拥有属于自己的干净整洁的房屋。

　　一个和谐的社会，应该是满足以上所有条件的社会，而和谐社会中的人民，也应该手拉手，向着这个方向一起努力。这就像我们的班级一样，先进的同学要帮助后进的同学，大家拧成一股绳，劲往一处使，最终让我们的班级越来越好。

听我说

　　构建和谐社会需要多方面的共同努力：国家繁荣富强，实行民主法治；社会讲求公平正义、安定有序；人人诚信友爱、充满活力，人与自然和谐相处。只有国家、社会、个人一起努力，才能实现和谐社会、和谐中国的伟大目标。

第三章　社会层面的价值取向：自由、平等、公正、法治

第一节　做自己的主人，对自己负责

导言

自由与爱情
裴多菲（匈牙利）

生命诚可贵，爱情价更高。

若为自由故，二者皆可抛。

知识小课堂

自由是什么？

一种是法律意义上的自由。在我国，在我们的日常生活中每个人都可以感受到自由：人身自由、言论自由、宗教自由、婚姻自由、择业自由……我们可以随时去想去的地方，买想买的东西，可以和朋友高谈阔论，可以选择自己喜欢的专业和工作等，这些都是我们的自由，是我们的国家和社会赋予我们的权利。

尊重、追求、保护自由，让每个人实现自由全面的发展，是社会主义的最终目的，也是中国特色社会主义的根本要求。自由的权利是建立在国家强大、社会稳定的前提之上的。当我们拥有自由的时候可能觉得这很平常，因为这是我们生活的常态，可假如有一天我们以上的自由都消失或者受到约束，那么我们就会体会到自由的可贵。放眼望去，当今的世界仍有许多被战火蹂躏或者贫穷落后的国家和地区，生活在那里的人们生存都成问题，何谈自由？所以我们应该感恩今天拥有的自由，是因为国家的稳定、制度的健全才保证人民拥有诸多的自由。

　　但是自由并不等于放任，不等于随心所欲。如果每个人都按自己的想法行事，不遵守法律和道德，暴力和犯罪将会随处可见，社会将一片混乱，自由也就不复存在。所以真正的自由是有前提和条件的，就像法国思想家孟德斯鸠说的，"自由就是做法律所许可的一切事情的权利"。有了法律的约束，就能建立起良好的秩序，在有序的环境中才能有每个人的自由。

　　还有一种自由是精神自由，即拥有不受外力和他人影响的坚定信念。拥有精神自由的人，即便身处困境，依然能够坚强乐观地追求自己的目标和理想。

　　自由对于每个人都有非凡的意义，是一个人生存的基本条件和意愿，也是一个国家和一个民族存在的基础，历史上的战争都可以看作国家和民族为争取自由而战斗的历史。

◆　法律保障着我们的自由

康德说："所谓自由，不是随心所欲，而是自我主宰。"这告诉我们，自由源于自律。只有自我约束，才是对自己负责，才能主宰自己的命运和未来，才能有真正的自由。

所以，作为中小学生，我们首先要保持学习和成长的心态，尽可能多地增加自己的知识和见闻，这样才能丰富自己的精神世界，树立坚定的理想和信念。然后制定目标和规则，将自律化为日常行动和内在动力，坚持不懈地执行，最终会实现身心的自由，做自己的主人。

听我说

自由可以分为身体上的自由和精神上的自由。我们可能已经对日常衣、食、住、行的生活习以为常，觉得这是应该的，但是这样的自由生活是建立在国家安定的基础之上的。因此，我们要珍惜这样的自由，并立志用自己的力量去建设祖国，建设一个更加繁荣安定的社会。

第二节　国学中的"自由之道"

导言

自：本人，己身。如"自己"。

由：1. 原因。如"理由"。2. 自，从。如"由衷"。

自由：由自己做主；不受限制和约束；公民在法律规定的范围内，其自己的意志活动有不受限制的权利。

知识小课堂

古往今来，向往自由、追求自由始终是人们不变的信仰。但是古代封建社会礼教森严，自由就显得尤为可贵，也更令人向往。无论是儒家、道家还是佛家都有对自由的追求和见解。比如儒家在礼教之下的"从心欲"，道家追求的寡欲归真的境界，佛家追求的修行与开悟，都是从不同角度对自由进行的注解。

中国古代文人十分注重精神追求，留下的许多诗篇都体现出对自由的渴望。

陶渊明是东晋时期著名的山水田园诗人，更是一名隐逸诗人。他不想做官，只向往隐居生活，认为只有在自然中才能悠然自得，就像他的《归园田居》表达的一样，"久在樊笼里，复得返自然"。

在古代封建社会，整个社会就像是一座"樊笼"，而自然界就代表自由天地，所以，很多古人借自然界的事物来感悟抒怀，想象自己化作鸟儿飞向天空，化作轻舟漂向大海。比如战国时期爱国诗人屈原在《楚辞·远游》篇中写道"悲时俗之迫厄兮，愿轻举而远游"，感叹世俗扼杀人的自由，想到处去周游。宋代苏舜钦在《和淮上遇便风》中写道"应愁晚泊喧卑地，吹入沧溟始自由"，意思是愿长风把我的行舟吹进辽阔的大海，在那儿我才能领受真正的自由。

◆ 诗人陶渊明向往的自由

　　提到自由，必然绕不开一个人，那就是唐代著名诗人李白。众所周知，李白是一位狂放不羁的天才诗人，才华横溢，"斗酒诗百篇"。他不被世俗所束缚，敢酒后叫高力士脱靴，敢"天子呼来不上船"。我们欣赏他，也是欣赏他身上体现出来的自由洒脱、快意恩仇。得到皇帝诏书时，他就得意地"仰天大笑出门去"；遭遇挫折时，他就洒脱地说"安能摧眉折腰事权贵，使我不得开心颜"；回忆往昔时，他说"黄金白璧买歌笑，一醉累月轻王侯"；被流放时他感慨"气岸遥凌豪士前，风流肯落他人后"。

　　自由究竟是什么？是到人迹罕至的深山隐居，还是虽身在闹市心中却洒脱自由？其实自由应该是一种心境，无论身处何时何地，只要思想开悟，精神就会自由，人生就会达到豁达的境界。就像苏轼面对疾风骤雨，却泰然处之："莫听穿林打叶声，何妨吟啸且徐行。竹杖芒鞋轻胜马，谁怕？一蓑烟雨任平生。"

在逆境时，保持豁达的心态；在身不由己时，保持自己的精神自由，这或许就是我们能从古人身上学到的自由真谛吧。

听我说

我们可以从这些古人身上看到自由的可贵，以及人们对于自由的渴望。我们还可以学到，不论在什么样的境遇中，都要保持乐观的心态和精神的自由。那怎样才是精神自由呢？这里有一个建议：我们可以去读书，可以在书中和古人对话，也可以感受五千年的历史和文化，这是多么广阔的精神自由！

第三节　传统文化中的"平等观"

导言

平：1. 不倾斜，无凹凸，像静止的水面一样。如"平地"。2. 均等。如"平均"。3. 与别的东西高度相同，不相上下。如"平局"。4. 安定，安静。如"平安"。

等：1. 数量、程度相同，或地位一般高。如"等同"。2. 表示数量或程度的级别。如"等级"。

平等：在程度、价值、质量、性质、能力或状况上与他人或他物相同的或相等的，或指在享受待遇或特权方面与他人等同的。

知识小课堂

现代社会中，平等的观念已经被广泛认知和接受，深入人心。人与人之间平等相待，平等地享受社会权利、履行社会义务已经是共识。

但是在中国的封建社会和传统文化中，等级制度和思想却是存在时间最长、影响最大的观念。历朝历代的统治者为了巩固地位，防止国家动乱，都会采用礼教和等级观念来进行治理，人民被道德礼教、三纲五常所教化束缚，恪守"君君臣臣父父子子"的等级秩序，甚少有平等的观念。而且直到今天，现代社会仍留有许多不平等的封建观念，比如男尊女卑、重男轻女、棍棒底下出孝子等。这都是我们需要转变和反思的地方。

在等级森严的古代社会，能够产生和提出平等观念是非常了不起而且有反叛精神的事情。具有这种先进思想的代表首先要推道家的老子和庄子。

老子认为"柔弱胜刚强"，女子并不比男人差，暗含男女平等的思想。

庄子提出"天地与我并生，而万物与我为一"，意思是天地万物与人一样都是同在的，是一体的，天地、万物不属于人类，所以人应该顺应自然，尊重万物。这一思想是更高一层次的平等观念，平等不只是人与人之间，人与自然与天地万物都是平等的。这在今天看来也是非常先进的论点，与现代提倡的建设人与自然和谐统一的社会有异曲同工之妙。

◆ 我们的先贤老子和孔子

最接近现在社会平等观念的是法家的代表商鞅和韩非子。《韩非子·有度》中提出："法不阿贵，绳不挠曲。法之所加，智者弗能辞，勇者弗敢争。刑过不避大臣，赏善不遗匹夫。"意思是法律不偏袒权贵，墨绳不向弯曲的地方倾斜。法律应该制裁的，智者不能逃避，勇者不敢抗争。即便是大臣也不能回避惩罚，平民也不应该遗漏功劳奖赏。这观点与我们现代社会提倡的法律面前人人平等、一视同仁是一样的。

儒家虽然尊崇等级制度，但是也有个别方面的平等观念。比如在教育方面，孔子就说过"有教无类"，意思是不管什么人都有平等接受教育的权利。孟子也认为"人皆可以为尧舜",也就是说人人都可以成为像尧舜那样的贤人,关键看个人是不是想去做。

　　中华传统文化包罗万象,其中有好的方面也有一些落后的思想,这就要求我们在学习和继承时应取其精华,去其糟粕,让好的思想继续为我们所用,为今天社会所用。

听我说

　　早在千年以前,就有古代的贤人意识到了"平等"的观念。这是一种非常可贵的精神,也是非常具有前瞻意识的,因为不平等的社会有诸多不稳定因素,不平等的制度是违背人类的基本心理诉求的。只有顺应规律,顺应人心,建立平等的社会制度和观念,才能使国家长治久安、人民安居乐业。

第四节　平等是现代社会的基石

导言

平等是指社会主体在社会关系、社会生活中处于同等的地位，具有相同的发展机会，享有同等的权利。包括：

人格平等，即人们之间应当具有相同的价值和尊严，处于相同的社会地位；机会平等，每个人都有创造物质财富和精神财富的潜在能力；权利平等，人们在法律面前同等地享受权利，任何人不得具有超越法律之上的特权；社会的平等，即人格平等、机会平等和权利平等的统一。

平等既是衡量社会进步的尺度，又是一个社会在形式上所要追求的价值、原则和道德理想。

——节选自邹瑜《法学大词典》

知识小课堂

平等是人类的终极理想之一。现代社会的进步就是人和人之间从不平等走向平等的过程，是平等逐渐实现的过程。

早在 17 世纪，许多资本主义国家的法律就规定了民主的政治制度，承认国家主权属于全国人民。比如美国的《独立宣言》、法国的《人权宣言》以及《世界人权宣言》，都指出人人平等，享有平等的权利和自由，不分种族、肤色、性别、语言、宗教、政治或其他见解，也不受国籍或社会出身、财产、职业或其他身份等的影响。

由此可见，平等是人类的共同追求，也是现代社会的基石。

那么什么才是真正的平等呢？真正的平等应该是马克思主义中描述的

共产主义社会。共产主义社会是一个没有阶级制度、没有剥削、没有压迫的"各尽所能，各取所需"的公有制社会，是人类社会的最高级形态。

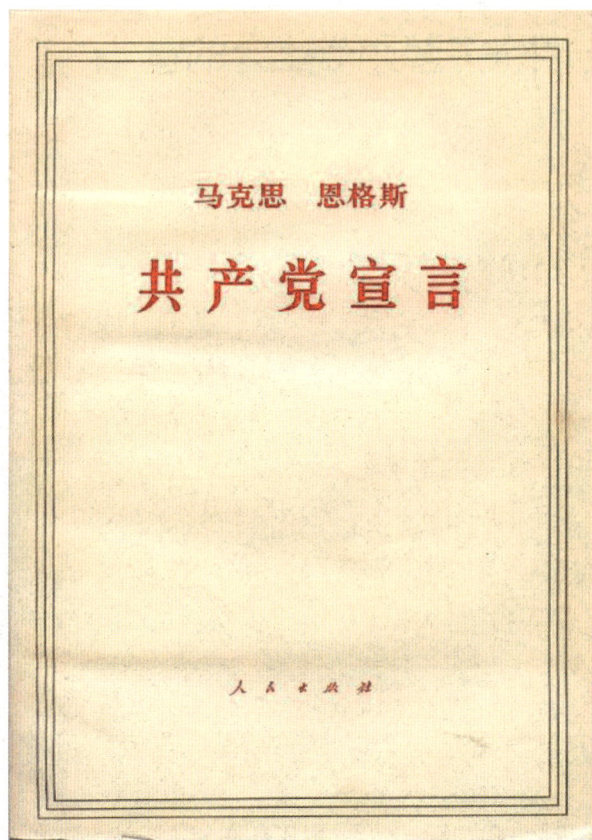

◆ 《共产党宣言》封面

　　共产主义分为初级阶段和高级阶段。初级阶段就是社会主义，初级阶段的公平体现在"各尽所能，按劳分配"。在社会主义国家中，人民群众是国家的主人，享有平等的权利、平等的机会和遵守共同的规则。我们国家是社会主义国家，社会主义核心价值观中提出的平等就是要让每个人都享受平等的发展权利和参与机会。这不仅符合马列主义对社会主义国家的构想，也符合现阶段我国的形势，更可以增强社会凝聚力，调动各行各业的积极性。相信在新的平等观念的推动下，整个国家和社会都会呈现稳定、高效、和谐的局面和发展形势，最终使我们的国家向着理想中的共产主义更进一步。

听我说

　　追求平等是人类的共同目标，也是现代社会建立起来的基础。那么我们追求的平等，到底是什么平等呢？平等包括人格平等、机会平等和权利平等。有人格平等才有尊严，有机会平等才有平等的竞争，有权利平等才有对所有人的约束，才有法律的意义。我们国家一直在朝着保证人民平等参与、平等发展权利的方向稳步前进，相信在我们的共同努力下，一定会创造出一个社会不断发展、人民共同富裕的新时代。

第五节　公平正义促和谐

导言

公：1. 正直无私。如"公正"。2. 共同的，大家承认的。如"公海"。3. 朝廷，国家，公家。如"公共"。4. 让大家知道。如"公开"。

正：1. 不偏斜，与"歪"相对。如"正中"。2. 合于法则的。如"正规"。3. 合于道理的。如"正确"。4. 恰好。如"正好"。

公正：就是公平正义。

"公正"历史出处：

《荀子·正论》："故上者下之本也……上公正则下易直矣。"

《史记·伯夷列传》："或择地而蹈之，时然后出言，行不由径，非公正不发愤，而遇祸灾者，不可胜数也。"

知识小课堂

社会主义核心价值观中的公正包含社会公平和正义，权利公平、机会公平、规则公平，而公平本身就是一种正义，同时也需要正义来维护。公正是人民的呼声，是社会发展的需要，是每个人内心的渴求。

在家庭中我们需要讲求公正。夫妻间需要公平分担抚养家庭的责任，需要公平地安排工作赚钱的任务、家务劳动、养育孩子等家庭事务。同样每个家庭成员（包括孩子）也享有家庭内部的公平权利，每个人都应该被公平对待，公正地处理家庭矛盾。如果出现不同的对待标准或处理不公，就会造成家庭矛盾、夫妻不和、孩子叛逆等。

日常生活中，我们需要讲求公正。做生意的要讲求公平买卖，童叟无欺、不哄抬物价、不投机倒把，只有公平买卖生意才能做得长久。职场中我们也需要公正，公平的机会，可以给更多的人带来希望，公正的规则和公平的考核，不仅可以使职员心服口服，也有利于团体的正常与和谐发展。教育也需要公正，好的教育资源应该为所有受教育者共用。司法更需要公正，公正是法律的灵魂，司法人员身为执法者，应秉持公平、正当、正义的精神，真正为民服务。

但是公正不等于绝对平等，公正的意思是公平正义，没有偏私，而不是绝对的平等分配。所以，在家庭中一个人主要负责工作赚钱，另一个人主要负责照顾家庭是公正的；在职场中不可能干多干少都一样，要看职员的能力，做出多少贡献拿到多少回报是公正的；人人都有接受教育的权利，同时人人都要接受考试的规则是教育最大的公正；司法人员执法只依据法律条文和事实，不论对方贫富贵贱就是公正。

当我们不以自身的得失来评判公正，不以个人标准来定义公正，而是让公正成为真正的客观存在、成为没有人干扰的公正，那就会迎来社会的真正和谐与安定。

听我说

公正，就是公平正义。一个天平，必须两边的砝码都一样重，才能保持平衡，这就是公平；只要哪边的砝码稍微重一些，天平就会向哪边倾斜，这就是不公平。社会主义核心价值观中的公正是对社会层面的一个重要要求。假如人人心中都没有公正，只看有没有好处，就像天平一样只向着砝码重的那一侧倾斜，那整个社会就会动摇。因此，维护社会的公正对社会稳定、国家发展都有重要的意义。

第六节　法律是治国重器，良法是善治前提

导言

1999 年第九届全国人民代表大会第二次会议通过的《中华人民共和国宪法修正案》规定："中华人民共和国实行依法治国，建设社会主义法治国家。"将其作为《宪法》的第五条第一款。这是中华人民共和国治国方略的重大转变。

知识小课堂

"法治"是一个法律原则，指在社会中，法律是社会最高的规则，具有凌驾一切的地位，不得轻慢。

我国的治国方略是"依法治国"，就是按照法律的规定进行国家的管理，而不是依照个人意志和主张来治理国家。依法治国保证了社会和经济发展不受个人的干预、阻碍或者破坏，是国家长治久安的保障，是实现人民当家做主的保障，也是现代政治文明的标志。

用法律来治理国家自古就有，但为什么说我们国家现在的"依法治国"就可以保障人民当家做主，就是社会进步的标志呢？

因为古代法治和现代的法治有很大的不同，最重要的就是代表的利益不同。古代的法律是为统治者服务的，统治者把法律当作约束人民的工具，普通人只有遵守的义务，根本不可能反抗和发表自己的意见，更别说建议法律的制定和修改。

我国的法治是真正意义上的依法治国。《宪法》是我们国家的根本大法，拥有最高法律效力，《宪法》的第一条就明确了我国是人民民主专政的社

会主义国家，第二条规定了一切权力属于人民。这就确定了我国的法治主体不是个人，而是广大人民群众。

　　那么仅仅制定"依法治国"的方针就可以将国家治理好了吗？远没有那么简单。

◆　法律保护着我们

　　首先，要确定法律的标准。既然是依法治国，那法律的制定尤为重要，这个法必须是"良法"。那什么样的法律才算是良法呢？第一要确保法律维护的是公共利益、人民利益；第二要结合实际，容易实施，否则制定出来的法律只是一纸空文；第三要与时俱进，不断改进以适应新的时代要求。

　　其次，要进行具体的立法工作。立法非常艰巨和复杂，涉及国民生活的方方面面，既要科学又要全面，其出台凝聚了多方的努力和辛勤劳动。

最后，贯彻实施也是非常重要的。如果司法不能做到公平、公正、公开，那再好的法律也没有用。

听我说

法治，就是依据法律来治理国家。这说明国家的治理依据不是某一个人的主张和想法，而是法律。我国的法律是由人民的代表来制定修改的，代表的是广大人民的意志。所以我国的法律是良法。有了良法，还需要司法的公平、公正、公开，这样才能保证这良法为广大人民服务，而不是为某个人服务。这样，法律才能有应有的威严，才是法治的最初目的。

第四章 个人层面的价值准则：
爱国、敬业、诚信、友善

第一节　爱国是永不过时的价值议题

导言

爱：对人或事有深挚的感情。如"喜爱"。

国：有土地、人民、主权的政体（古代指诸侯所受封的地域）。如"国家"。

爱国：热爱自己的国家。

知识小课堂

"爱"字上半部分是"手"的变形，在造字之初表达的是用手捧着心给别人的意义；"国"字，口中有"玉"代表我们国家地大物博，宝藏丰富。"爱国"是每个人对自己祖国油然而生的民族自豪感，是将自己最深厚的情感献给祖国。

清晨，迎着初升的朝阳，一面鲜艳的五星红旗从澳门濠江中学徐徐升起，迎来了崭新的一天。对于濠江中学来说，每次升国旗的时刻都意义非凡，只因为这面红旗背后承载的历史以及第一次亲手将它升起来的人——杜岚。

1949 年 10 月 1 日，中华人民共和国成立，全体中国人民欢欣鼓舞。当时国民党在澳门的势力强大，所以政治形势非常复杂。杜岚当时就身在澳门，虽然处于这样复杂危险的环境中，但是充沛的爱国主义情怀让她觉得这一天必须要做些什么。于是在 10 月 1 日当天，杜岚带着一面五星红旗来到学校，迎着朝阳和全体师生崇敬肃穆的目光，她升起了鲜艳的五星红旗，这是澳门升起的第一面中华人民共和国国旗。

这一举动惊动了澳门葡萄牙政府。他们派警察将杜岚抓走问话，并恐吓杜岚将国旗降下不准再升。杜岚毫不畏惧地回答："澳门是中国的国土，在中国的国土上为什么不能升中国的国旗？我升起来了就不会再取下！"

此后，每逢校庆和"十一"国庆，濠江中学都要举行隆重的升国旗仪式。杜岚将爱国主义精神和爱国情怀融入日常的教学和对学生的教导当中，培育出一批批建设澳门的人才。

1999 年 12 月 20 日，澳门回归祖国怀抱。这是中国的大事，也是杜岚的大事。当时已经 87 岁的杜岚，再次在这标志性的历史时刻亲自升起了国旗。时隔 50 年，时光流转，对祖国的热爱却从不曾改变。

◆ 五星红旗是中华人民共和国的象征

中华民族上下五千年，涌现出无数爱国志士。古代有屈原投江明志、文天祥宁死不屈、林则徐虎门销烟，近代有驱逐侵略者浴血奋战的战士、奔走呼号的爱国青年、视死如归的革命者，中华人民共和国成立后，又涌现出一大批钻研科技的科学工作者、日夜奋战的工人、辛勤劳作的农民。到了我们新时代，爱国又有新的含义和范围，讲文明树新风是爱国，家庭和谐是爱国，遵纪守法是爱国，在自己的工作岗位上兢兢业业是爱国，讲究诚信是爱国，对待他人真诚友善也是爱国。

尽管每个时代爱国的行动和表现不尽相同，但是都出于同一种情感，是将自己的真心和青春献给祖国的行动和希望国家越来越美好的憧憬。

听我说

不论哪个时代，都有英勇的爱国者的身影。无论是古代的精忠报国，还是近代的抗击侵略，都是爱国者们用自己的实际行动表达对祖国山河的热爱。每个中国人都曾被古人先辈的爱国故事所触动，这足以证明爱国主义是从古至今一直流淌在我们每个国人血液中的精神力量，是去不掉摧不毁的，是必将一直传承下去的。

第二节　爱国爱家是人类生存的本能

导言

> 一玉口中国，一瓦顶成家。
>
> 都说国很大，其实一个家。
>
> 一心装满国，一手撑起家。
>
> 家是最小国，国是千万家。

——节选自歌曲《国家》

知识小课堂

　　每个人从出生起最亲近最熟悉的地方便是自己的家。家是我们赖以生存的地方，是我们感受亲情、接受启蒙的地方，是我们安心栖息的港湾。所以，爱自己的家，希望自己的家庭幸福，是每个人生来的本能。

　　爱国也是同样的，国是由千千万万个家组成的，"家是最小国，国是千万家"，有了国家的安定繁荣，每个小家才能平安幸福。所以，爱国，希望国家昌盛也是每个人的本能。只有每个人都为自己的家、为国家做出自己的贡献，才能换来家庭美满和国家繁荣发展。

　　1949 年中华人民共和国成立之后，面对刚刚结束战争百废待兴的国家状况，无数爱国的仁人志士从海外归来，参与建设祖国。从家的层面看，他们与家人团聚，获得了情感上的幸福；从国家的层面看，因为有了他们的参与，让新中国的建设很快上了轨道，他们也获得了人生境界的提升。

　　1978 年中国迎来了改革开放，我们又一次迎来了爱国华人华侨、港澳台同胞的大回归，他们带着资金、设备、技术、先进理念回归祖国，在落叶归根的个人情感满足之外，也让我们的改革开放得以顺利实现，他们的事迹足以让祖国和历史铭记。

苏霍姆林斯基说过："热爱祖国，这是一种最纯洁、最敏锐、最高尚、最强烈、最温柔、最有情、最温存、最严酷的感情。一个真正热爱祖国的人，在各个方面都是一个真正的人。"

对于每一位同学来说，爱国就如同爱自己的家庭和亲人一样，是内心最朴素的情怀。保卫自己的家园不受侵略，保护自己的国土不被践踏，这是爱家爱国的表现；尊敬父母，友爱他人，这也是爱家爱国的表现；为社会建设贡献力量，进而让社会的进步惠及每一个家庭——也包括我们自己的家庭——这也是爱家爱国的表现。

◆ 医生为人民健康奋斗，既是爱家也是爱国

脊髓灰质炎是一种严重危害儿童健康的急性传染病。中华人民共和国成立之后，我国政府就一直想要开发相应疫苗，彻底解决这种传染病。1957 年，顾方舟接到了这个紧急而重大的任务，面对有限的经费和简陋的条件，顾方舟硬是靠着强大的信念，带领团队最终开发出了疫苗。在疫苗

刚研发出来的时候，需要进行临床试验，顾方舟便冒着自己有可能瘫痪的危险，以身试药，证明了疫苗的安全性。随后疫苗开始量产，在全国推广投放，疫情终于被遏制，数以万计的儿童得以免受疾病折磨，数以万计的家庭避免了被"瘫痪"的阴霾笼罩。

不过，当时的疫苗还是液体针剂，需要低温保存，但是当时的中国冰箱很少见，这就加大了疫苗的普及难度。顾方舟偶然间受到滚元宵的启发，创造了神奇的"糖丸"。从此"糖丸"护佑了中国几代人免受脊髓灰质炎的侵扰，顾方舟也被孩子们亲切地称为"糖丸爷爷"。自 1994 年 9 月在湖北襄阳发现最后一例患者后，至今没有发现由本土病毒引起的脊髓灰质炎病例。

"舍己幼，为人之幼，这不是残酷，是医者大仁。为一大事来，成一大事去。功业凝成糖丸一粒，是治病灵丹，更是拳拳赤子心。你就是一座方舟，载着新中国的孩子，渡过病毒的劫难。"这是《感动中国人物》组委会对顾方舟的评语。

是否热爱自己的家庭和祖国，这是我们衡量一个人的重要标准，一个人若是连自己的家庭和祖国都不热爱，那么与禽兽又有何异呢？

当然，爱家爱国也并非说就一定要为了家人或我们的祖国而完全不计个人的安危得失，每个人爱家爱国的表现不一样，所采取的行为自然也就不同。然而无论如何，对于家庭和祖国的热爱我们每个人都应该埋藏在心中，让它成为我们行动的指南针，去做一切对社会有利的事情而规避对社会不利的事情。当个人用行动去爱自己的家庭和祖国，在为家庭和祖国甘愿牺牲的同时，个人也得到了升华。

听我说

诗人裴多菲说过："生命的长短以时间来计算，生命的价值以贡献来计算。"人生的真正价值在于我们为家庭、为社会、为国家承担了多少责任。

第三节　敬业乐业才能专业

导言

敬：尊重，有礼貌地对待。如"尊敬"。

业：1. 国民经济中的部门。如"工业"。2. 职务、工作岗位。如"职业"。3. 学习的功课。如"学业"。

敬业：专心致力于学业或工作。

知识小课堂

"敬"字右半部分源自"攴"，本意是用手拿着棍子或者鞭子，意思是敲打；左半部分为"苟"，本意为野草丛生，引申为杂乱的意思。"敬"就是要鞭策自己，去除杂碎的念头。"业"指的是职业，学业，工作岗位。

敬业需要人们在工作或学习中，树立正确的价值观，坚定信念，严格遵守职业道德。敬业是一种端正的工作态度，是人生命中的宝贵品质。

在四川省木里藏族自治县邮政局有这样一位普通的邮递员，他20年来一直坚持着最普通的投递工作，在雪域高原跋涉了26万千米，相当绕地球赤道6圈。他每年投递报纸、杂志、函件10000多份，包裹600多件，投递准确率达100%。他的名字叫王顺友。他用自己的实际行动生动地诠释了什么是敬业精神。

1984年，19岁的王顺友接过父亲的衣钵，带着父亲的殷切嘱托，开始了乡邮员的工作征程。王顺友工作的木里藏族自治县位于四川省的西南部，青藏高原的东南缘。整个县内遍布高山、山原和峡谷，特殊的地理环境导致了交通和通信的极大困难。全县29个乡镇28个不通公路、不通电话，只能依靠马班邮递员送信送报、传递消息。对于乡邮员的重要性，王顺友深有体会，所以一直坚守在乡邮员的岗位上，一直走在崎岖的投递路上。王顺友的事迹被报道后，受邀参加活动回来第二天就又牵起了马缰绳，因为他知道"乡里乡亲在等着我"。

王顺友负责的邮路从木里县城经白碉乡、三桷桠乡和倮波乡至卡拉乡，往返里程 584 千米。他每月有 28 天都要在苍茫大山中的邮路上度过。从海拔近 5000 米的察瓦尔山到海拔 1000 米的雅砻江河谷，气温也从零下十几摄氏度变化到近 40 摄氏度。走在险峻的河谷中，低头就是波涛汹涌的雅砻江，稍有不慎，就有连人带马掉落下去的危险。邮递路上路途遥远、崎岖难行、冬冷夏热、危机四伏，王顺友遇到过匪徒、掉入过江水，在野外风餐露宿更是常事。

如果说是什么支撑着王顺友 20 年如一日地坚持在崇山峻岭中为各族群众投递邮件，那可能就是当初父亲那一句"送信就是为党做事，为党做事的人要吃得起苦"。王顺友只有一个朴素的观念："搞好本职工作是我的责任，再大的苦也要忍，不能给党丢脸。"这种敬业精神令听者动容，俯首心折。

听我说

敬业就是专心致力于自己的学业或者工作。王顺友的事迹可以说是敬业的典范。可是只有敬业还是不够的，乐业也非常重要，而且更加重要。因为乐业才是敬业的根本支撑和动力。乐业就是以自己的学业或工作为乐趣，真正热爱自己的学业或职业，这样才能全身心地投入进去，从而创造出学业或工作上的成绩。就像王顺友一样，从不把困难的工作当负担，而且还能乐在其中，所以他才将邮递员这份普通的工作做成了伟大的事迹。

第四节　诚信是为人之本、兴国之基

导言

诚：1. 真心。如"诚恳"。2. 实在，的确。如"诚然"。

信：1. 诚实，不欺骗。如"信用"。2. 不怀疑，认为可靠。如"信任"。

诚信：处世真诚，实事求是，信守承诺。

"诚信"历史出处：

《礼记·祭统》："是故贤者之祭也，致其诚信，与其忠敬。"

《新唐书·曹华传》："华虽出戎伍，而动必由礼，爱重士大夫，不以贵倨人，至厮竖必待以诚信，人以为难。"

知识小课堂

"诚"字左边为言字旁，意思是说话；右边的"成"代表完成、实现。"信"字左边是单人旁，代表人；右边是"言"，代表讲话。诚信就是完成自己说过的话。

"人无信不立。"诚信是一种可贵的品质，是人安身立命之本。我们为什么要讲信用呢？因为在人与人的交往中，只有能够获得别人信任的人才更能够获得成功，而如何获得别人信任呢？那就是要讲信用。

当代中国的诚信典范"信义兄弟"用自己的行动铸就了诚信的丰碑。

孙水林，湖北省武汉市黄陂区人，生前是一名建筑商人，和弟弟孙东林一起承包装修工程。两兄弟家境贫寒，早早辍学打工，早年的打工经历让两兄弟体会到生活的艰辛，要不到工钱是常事。所以在他们做了包工头后就立下一条不成文的规定：绝不拖欠工人工资！从20世纪90年代开始，一直到孙水林去世的 20 多年间，无论多困难，他们从没有拖欠过农民工一分钱，真正履行了自己的承诺。

"新年不欠旧年薪，今生不欠来生债。""包工头也要讲诚信，不能赚昧心钱，这是自己的良心账。"孙水林生前的话语仍在回响，但是再也不能亲自实践。

2010 年 2 月 9 日，是农历腊月二十六，正是农历春节前夕。孙水林拿着催收来的工程款和从弟弟孙东林那里借来的 12 万元，带着全家人驱车从天津回武汉，想要赶在春节前把家乡几十名工人的工资结清。当行驶到南兰高速开封市陇海铁路桥段时，不幸发生了。因为天气寒冷，加之降雪，路面结冰，导致 20 多辆车连环追尾，孙水林的车也在其中。一瞬间，一家五口全部遇难。

◆ 恪守诚信是商人的本分

弟弟孙东林因为联系不到哥哥便沿途寻找，得知哥哥一家遇难，痛不欲生。孙东林忍痛处理完哥哥的后事，便决定要替哥哥完成遗愿。腊月二十九，孙东林赶回武汉老家，给工人们发放工资。账单丢失的，就按工人口头说的发放。孙东林赶在年前结清了 60 多位工人的工钱，完成了哥哥让工友们过个好年的愿望。

信义兄弟的事迹感动了无数国人，他们用自己的行动恪守着一份承诺，这就是诚信最好的解释。

空口说白话的诚信谁都能做到，而真正的诚实其实是在利益面前能够守住底线。

考试作弊能够拿高分，面对拿高分的诱惑，我们还能够保持诚信吗？撒谎能够逃过惩罚，面对逃过惩罚的诱惑，我们还能够保持诚信吗？欠钱不还，钱就是自己的了，在金钱面前，我们还能够保持诚信吗？

同学们，信守承诺总是不容易的，然而也正是因为它不容易，才使得信守承诺显得尤为宝贵。所以同学们，在以后的生活中我们也会面临失信获利和守信失利的煎熬，此时，我们应该毫不犹豫地选择守信，因为这虽然会让我们失利于一时，却能为我们赢得美好的明天。

听我说

"言必信，行必果"这句话出自《论语》，意思是说出的话一定要可信，行动了就一定要有结果。这是我们国家传统文化中一直流传下来的关于诚信的理念。为什么从古至今人们都这样看重诚信？那是因为诚信是一个人做人的根本。如果一个人连自己说过的话都不算数，那这个人就失去了立足的根本。所以不论是在过去、现在，还是未来，这都是我们民族的传统美德，是我们做人的基本准则。

第五节　友善待人，冷静处世

导言

友：1. 彼此有交情的人。如"友谊"。2. 有亲近和睦关系的。如"友邦"。3. 相好，互相亲爱。如"友爱"。

善：1. 心地仁爱，品质淳厚。如"善良"。2. 好的行为、品质。如"行善"。

友善：人与人之间亲近和睦、亲密友好。

知识小课堂

俗话说，"赠人玫瑰，手有余香"。一枝玫瑰虽然微不足道，但当我们把它作为礼物馈赠给他人，却能够让温馨和友善在内心慢慢升腾、弥漫，让这枝玫瑰化作善意的光芒，照亮我们与他人的世界。所以，我们要学会时刻在生活中与人为善，在友好待人的同时，既帮助了别人，也让自己的心灵得到了净化。

在 2018 年 12 月 18 日有两个名字一起登上了热搜，他们是"当代雷锋"郭明义和诺贝尔生理学或医学奖的获得者屠呦呦。屠呦呦因为特殊的贡献成为祖国的骄傲，那么郭明义又做了些什么呢？

郭明义是一个一生都在做好事的好人。他的本职工作是鞍山市鞍钢集团矿业公司的一位业务主管，但他的身上还有另一些标签，那就是——模范共产党员、先进生产者标兵、全国道德模范、感动中国年度人物、当代雷锋、最美奋斗者……

在部队当兵时，郭明义就乐于助人，他总是不辞辛苦地为战友付出，坚持为战友做好日常服务，还总是在他人遇到困难时及时伸出援手。一次执行任务时，一辆汽车出现了故障，驾驶汽车的战友在雪地里半天也没有将车修好，郭明义见状主动停下车帮忙。他让那名战友回车里休息，自己脱了大衣，冒着零下三四十摄氏度的低温钻到车底，花费 40 多分钟，终于将车修好。

　　参加工作之后，郭明义更是将这种精神带到了工作单位。有工友的孩子得了病，郭明义立即带着钱款去探望。有一个孩子得了复杂的再生障碍性贫血，郭明义不但积极组织工友捐款，更是带着自己写的《倡议书》走遍全矿科室和 70 多个班组，号召工友们捐献造血干细胞……

　　生活中，郭明义更是帮助过无数陌生人的"好人"。自从 1994 年他给岫岩山区的一名失学儿童寄去 400 元爱心捐款开始，连续 15 年，一共捐款 7 万多元，资助了 100 多名贫困儿童重返校园。郭明义从 1990 年开始义务献血，而且一直坚持，从未间断。

◆　每个人都应该对社会奉献出自己的一份爱心

　　"友"在创字之初，是两只手靠在一起的形状，表示伸出手去帮助，或者两人协作共同完成。"善"上半部分是"羊"，是取"祥"字的右半边，下半部分原来是"言"，合起来是表示语言亲切祥和。

友善就是指亲切地帮助别人，人与人亲近和睦。而郭明义的举动正是诠释了友善的核心含义！无论在部队还是在工作单位，郭明义都一直秉持着乐于助人的精神；无论是战友、工友还是陌生人，郭明义都自然而然流露出深切的关爱，帮助他人，无私奉献。友善的力量是巨大的，也是可以传递的，越来越多的"郭明义"们加入志愿者团队，这正是友善精神的巨大感召力。相信我们的国家和社会会因为这些善举变得越来越美好，越来越友爱。

与人和善，不过是要求我们在力所能及的条件下尽量关照他人，而不是袖手旁观或者落井下石。要知道今天我们关照了别人，明天别人就会关照我们。让我们身边所有的人都成为互相关照的朋友，这不正是我们美好生活和和谐社会的保障吗？

与人为善，只有通过善意的理解和关照才能让我们赢得他人的尊重和喜爱。而一个人如果总是能够被人尊重和喜爱，事事都能得到别人帮助，美好生活还不是指日可待吗？

听我说

郭明义和他创办的爱心志愿者团队，秉持着友善的态度、积极向上的面貌，伸出充满友爱的双手，帮助着许许多多的陌生人，这是对核心价值观中新时代友善的最好解释。我们周围有许多需要帮助的人，让我们学习郭明义精神，用真诚友善的态度去问候他们一声，帮助他们做些力所能及的事，让我们从"赠人玫瑰，手有余香"中感受善的力量吧。

第六节　修身做人讲"八德"

导言

《礼记·大学》："古之欲明德于天下者，先治其国；欲治其国者，先齐其家；欲齐其家者，先修其身；欲修其身者，先正其心；欲正其心者，先诚其意；欲诚其意者，先致其知，致知在格物。物格而后知至，知至而后意诚，意诚而后心正，心正而后身修，身修而后家齐，家齐而后国治，国治而后天下平。"

译文：古代那些想要将好的品德弘扬于天下的人，都先要治理好自己的国家；要想治理好自己的国家，先要管理好自己的家庭和家族；要想管理好自己的家庭和家族，先要修养自身的品性；要想修养自身的品性，先要端正自己的思想；要端正自己的思想，先要让自己的意念真诚；要想让自己的意念真诚，先要让自己获得知识，获得知识的途径，在于认知和研究万事万物。通过对万事万物的认识和研究，才能获得知识；获得知识后，意念才能真诚；意念真诚后，心思才能端正；心思端正后，才能修养品性；品性修养后，才能管理好家庭和家族；家庭和家族管理好了，才能治理好国家；治理好国家后，天下才能太平。

知识小课堂

中国是文明古国，礼仪之邦，漫长的历史中流传下来诸多中华传统美德，其中最为中华传统文化所表彰的，就是"八德"，即孝、悌、忠、信、礼、义、廉、耻。

孝，就是孝顺，孝敬父母；悌，就是敬重兄长，关爱兄弟；忠，就是忠于自己的国家；信，就是诚信，言而有信；礼，就是礼仪，懂礼貌；义，就是道义；廉，就是廉洁自律；耻，就是羞耻，违背道德法律的事情就是耻。这"八德"是修身做人的基本规范。

古人在践行"八德"时，留下了许多动人的故事，如著名的关于诚信的故事——"曾参烹彘"。

一次曾参的妻子要去集市，儿子哭闹要跟着去。妻子就对儿子说："你乖乖听话在家，等我回来杀猪给你炖肉吃。"等妻子从集市回来，发现曾参正抓住猪要杀掉。她赶紧制止："我说杀猪只是哄孩子的话，你怎么还当真呢？"曾参却非常郑重地回答："怎么能骗小孩子呢？小孩子的言行举止都是跟父母学的。今天你欺骗他，明天他就学会骗人，而且不再相信父母，以后也不会再听我们的教导了。"然后就将猪杀掉了。

这就是曾子的诚信，是真正的诚信，言出必行，对孩子也一样做到说话算话。除了"信"，还有很多关于其他品德的故事，如黄香温席、子路负米都是"孝"的典范；家喻户晓的孔融让梨，就是"悌"的最好诠释；张良拾履，对于一个陌生的老人都可以做到毕恭毕敬，不厌其烦，这就是知"礼"节，懂道义。

中华文明和传统文化生命力强盛，传承久远，古人的礼仪与道德故事仍为今天的中国人所赞扬。在社会主义新时代的今天，我们需要在继承中华传统美德的基础上赋予其新的内涵。让我们一起来看看并牢记新时代的公民道德规范。

公民道德基本规范：

爱国守法、明礼诚信、团结友善、勤俭自强、敬业奉献。

社会公德主要规范：

文明礼貌、助人为乐、爱护公物、保护环境、遵纪守法。

职业道德主要规范：

爱岗敬业、诚实守信、办事公道、服务群众、奉献社会。

家庭美德主要规范：

尊老爱幼、男女平等、夫妻和睦、勤俭持家、邻里团结。

中小学生社会主义核心价值观知识

学习中华传统美德并践行新时代的道德规范，是我们"修身"的重要方面。修身是自我进步与发展的基础与关键因素，是做事的第一步，也是终身学习的课题。让我们从自身做起，修身养性，提高修养和品德，而后齐家治国平天下。

听我说

我国的传统文化中，历来讲求格物致知，讲求修身齐家治国平天下。我们也知道社会主义核心价值观分为三个层面：个人层面、社会层面和国家层面。如果将传统文化对照社会主义核心价值观的三个层面，我们就会发现，格物致知和修身是对个人层面的要求，齐家是社会层面的要求，治国平天下则是国家层面的要求。我们现在就要从个人层面做起，修身做人讲求"八德"，培养自身的品质，树立治国平天下的伟大志向。

第五章　培育和践行社会主义核心价值观

第一节　少年强则国强

导言

故今日之责任，不在他人，而全在我少年。

少年智则国智，少年富则国富；

少年强则国强，少年独立则国独立；

少年自由则国自由；少年进步则国进步；

少年胜于欧洲，则国胜于欧洲；

少年雄于地球，则国雄于地球。

——节选自梁启超《少年中国说》

知识小课堂

一百多年前，中国是"一盘散沙"，被称为"东亚病夫"，国人或无知昏庸，或胆怯懦弱，毫无斗志。就在民族危亡的时候，远在日本的梁启超奋笔疾书，写就了铿锵有力的《少年中国说》，振奋了国人士气。

梁启超在文中提到"今日之责任，不在他人，而全在我少年"，可见对中国少年寄予厚望，鼓励中国少年发愤图强，为国家的命运与未来而战斗。

正是当初生活在那个贫穷落后任人宰割的中国的少年们和后来前仆后继的无数少年们的愤然而起，成长为反抗侵略、保卫国家的中流砥柱，为国家和民族的独立而奋斗，才有了保家卫国战斗的胜利，才有了中华人民共和国的诞生，所以少年关乎着国家和民族的未来。

在社会主义中国的今天，我们应该如何履行属于少年的责任呢？

其实我们有许多榜样可以学习，看看他们都是怎么做的吧。

英雄少年林浩。2008 年 5 月 12 日四川省汶川县发生八级大地震，当时林浩和班里其他同学都被掩埋在废墟之下，年仅 8 岁半的林浩没有惊慌失措，一边安慰其他同学，一边寻找出路。当林浩挣扎两个多小时终于爬出去时，又反身回去对废墟里的同学进行施救。林浩在灾难面前坚强勇敢、舍身救人，是真正的英雄少年。

孝心少年李昂。妈妈不幸患上急重型再生障碍性贫血，危及生命，必须要进行造血干细胞移植才有生存的可能。李昂不在乎疼痛和恐惧，两次为妈妈捐献造血干细胞，给妈妈带来生的希望。

坚守诚信好少年刘毅。刘毅在公交车上捡到 1.5 元钱，逐一询问乘客，有乘客劝他：就 1.5 元，你自己收起来好了。可是刘毅坚持寻找失主，最终没有找到，便将钱交给了公交司机。虽然只是 1.5 元，但这件事却体现出刘毅坚守诚信的好品质。

少年强，则国强

◆ 少年是中国的未来，少年强则国强

　　团结友善好少年迪丽娜尔·阿不力克木。在迪丽娜尔所在的学校有很多不同民族的同学，每当语言不通或同学产生误会，迪丽娜尔总会主动站出来帮助同学消除矛盾，是同学们的知心朋友，是团结友爱的好榜样。

　　像这样的少年还有很多很多，在他们的身上无不体现出新时代的核心价值观：爱国爱家、诚信友善。他们在关键时刻能够展现出这些过人的品质，离不开他们正确的价值观和平时的学习积累以及行为习惯。他们全都学习优秀、勇于实践、积极参加各种活动、富有同情心、乐于助人，是真正品学兼优的好少年。

　　我们要向他们学习，要做到树立正确的核心价值观，努力学习知识，勇于实践，为自己的人生打好基础，也为祖国的建设做好准备。

听我说

　　少年儿童就像是早上初升的太阳，代表着光明和朝气，也代表着国家的前途和未来。不管在任何年代，少年都是国家的希望，身上都肩负着报效祖国的重任。所以我们要从现在开始培养追求真理、建设祖国的伟大志向，做一个爱祖国、爱人民、爱劳动、爱科学、爱社会主义的好少年，做祖国未来合格的接班人。

第二节　从传统文化中汲取营养

导言

中华传统文化是中华民族历史上各种思想文化、道德理念的总称。中华传统文化博大精深、源远流长，主要由儒、佛、道三家文化组成。这三家文化是中国人立身处世、为人做事的标准，更是中华民族的精神标杆。

儒家以"仁"和"礼"为核心，道家提倡"无为而治"，佛家以觉悟、解脱为核心。在儒、佛、道三家文化基础上派生出的各种艺术（如绘画、雕塑、书法等），是其具体表现形式。

知识小课堂

社会主义核心价值观是我国在社会主义新时期提出的，但却有深厚的历史渊源和文化底蕴。中华文明上下五千年，形成了独特的价值体系和精神世界，更有深入骨子里的价值观念。社会主义核心价值观是在中国社会主义进程和中国人独有的传统文化共同的基础之上产生的，既和传统文化一脉相承，又符合新时代的国情。

富强、民主、文明、和谐

两千多年前齐国的宰相管仲在《管子》一书中写道："治国之道，必先富民。"意思是凡是治理国家，首要任务就是使百姓富裕起来。社会主义核心价值观中的富强寓意国富民强。人民富裕，国家才能繁荣昌盛。

"民可近，不可下，民惟邦本"，这句话出自《尚书·五子之歌》，意思是说千万不能轻视百姓，只有亲近人民，以百姓为国家的根本，才能

77

根基牢固、国家安定。如果说古代的中国重视百姓，就是贴近群众，那么我们新时代的中国追求的不仅是"近民"，更是民主，是人民民主，也就是人民当家做主。

中国自古就是礼仪之邦，"不学礼，无以立""君子以厚德载物""己所不欲，勿施于人""老吾老以及人之老，幼吾幼以及人之幼"……这些都是中国人耳熟能详的关于文明礼仪的规范。到了现代，文明是经济发展社会进步的标志，也是现代化国家追求的社会状态。

◆ 尊老是中华民族的传统美德

"天人合一"是中国由来已久的哲学思想，天是指天道、自然，天人合一就是人类与自然万物合而为一，和谐相处。除了人和自然相处，还有人和人之间的相处，《论语·子路》中的"和而不同"，说的就是与人相处要和谐和睦，但是不盲从、不人云亦云。除此之外，还有流传已久象征家庭和谐的"和合二仙"、做生意讲究的"和气生财"等。中国自古讲究以和为贵，社会主义核心价值观中的和谐不仅继承了优秀传统文化的精华，也包含有新时期的劳有所得、病有所医、老有所养等新的含义。

自由、平等、公正、法治

追求自由是人的天性，庄子在《逍遥游》中表达了不受任何束缚地自由地游于人间的人生理想，李白用《梦游天姥吟留别》书写对自由的渴求，陶渊明"采菊东篱下，悠然见南山"至今仍是中国人追求的自由状态。社会主义核心价值观的自由，既符合人的天性，也是马克思主义追求的社会价值目标。

"不患寡而患不均"出自《论语·季氏》，意思是说国家不必担心土地、人民寡少，关键在于施政公平合理，人民才能安心发展生产，国家才能昌盛。社会主义核心价值观中的平等更具体明确了平等观念，指的是公民在法律面前一律平等，人人依法享有平等的权利。

公正就是公平正义，就是"公者无私之谓也，平者无偏之谓也"，是不掺杂个人私利，不偏向某一方。

"治国者，必以奉法为重。"法治是治理国家的根本方式，只有通过法治才能保障人民的根本权益，才能实现自由平等公平正义。

爱国、敬业、诚信、友善

"天行健，君子以自强不息""君子喻于义""君子坦荡荡""君子义以为质"都是古代对君子的品德要求，有"仁者爱人"之心，就能有"德不孤，必有邻"的和睦状态；想要达到"大道之行也，天下为公"的理想社会，就需要人民达到"天下兴亡，匹夫有责"的意识，要做到"言必信，行必果""与人为善""出入相友，守望相助""扶贫济困"。这与社会主义核心价值观对个人层面的要求不谋而合。

听我说

中华民族有着五千多年的悠久历史，创造了数不清的灿烂文化。这是我们这个国家和民族的宝贵财富。而且更难得的是，这些宝贵的财富历经几千年连续不断地传承到现在，比如我们书写的文字，儒家思想中的诚信礼仪等。这些传统文化中的许多理念放到现在依旧适用，所以我们要继承中华优秀传统文化，从中汲取有益的营养，获得最持久的精神力量。

第三节　知行统一，内心认同

导言

　　王守仁，号阳明，是明代哲学家、教育家，流传有哲学著作《传习录》，由其弟子对其语录和信件进行整理编撰而成。《传习录》是一本生活哲学读本，堪称中国人必读之书。

　　《传习录》中许多充满哲学智慧的语句都提到知行合一的观点，比如"知者行之始，行者知之成"，意思是认识是行动的开始，行动是认识的完成。"知而不行，只是未知"，说的是学了知识，而不实践，就等于没有学到知识。"路途之险夷，必待身亲履历而后知"，是说路上的平坦与危险，一定要等到亲身经历体验后才能知道。

知识小课堂

　　学习知识要讲究知行合一、学以致用，学习社会主义核心价值观同样也要知行统一、内心认同。"知者行之始，行者知之成。"认识是行动的开始，所以首先我们要认识价值观。

　　我们在这本书开头第一节就讲到过什么是价值观以及价值观的重要性。价值观是人们内心的一把尺子，是评判是非对错的标准。核心价值观就是一个社会群体拥有的是非价值标准。价值观是在人类认识、改造自然和社会的过程中产生的。在这个过程中，价值观会逐渐形成并且发挥作用。由于不同群体、不同国家、不同民族的自然环境和社会环境的差异，所以会形成不同的核心价值观。价值观对于每个人都是非常重要的，价值观可以决定人们对自我的认识，也可以影响和决定一个人的目标和追求。

　　既然价值观如此重要，那么如何才能确定什么是正确的价值观呢？

　　在历史唯物主义看来，凡是符合事物发展规律、符合人类根本利益的价值观都是正确的。这就是价值观的衡量标准。一个国家或一个民族知道了自己国家的发展规律，知道了接下来的发展目标，确定了正确的发展道路，就能确立正确的价值观。社会主义核心价值观就是符合中国现阶段的发展、符合人民的根本利益、与我国需要解决的时代问题相适应的，所以社会主义核心价值观是正确的价值观。

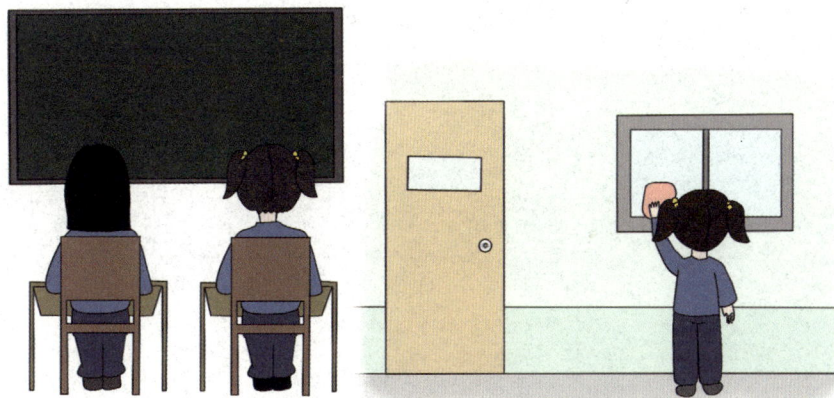

◆　课堂中学习的知识，要去生活中实践

　　"知而不行，只是未知。"所以，我们不仅要树立正确的价值观还要努力践行社会主义核心价值观。践行核心价值观并不是要将价值观天天挂在嘴边，而是需要具体行动的。要真正将社会主义核心价值观在个人层面的要求——爱国、敬业、诚信、友善，牢记于心，融合于行，成为指导我们日常学习和生活的准则，坚定不移、坚持不懈地实践。

听我说

　　"知行统一"中"知"的意思是知道，认识到；"行"的意思是行动，"知行统一"就是将心里知道的和实践结合起来。假如我们学习到的新知识新技能仅仅只是"知道"，而不去行动实践，那就不会有深刻的认识，也不会有新的收获，那么这个"知"便不是真正的"知道"。不论是学习还是生活，我们都要讲求知行统一。比如核心价值观的养成，就要先从内心认同，然后坚持在生活中实践，才能将其变成日常的行为准则并牢牢地记住。

第四节　人人参与，人人实践

导言

2017 年 12 月 5 日，联合国环境规划署宣布，中国塞罕坝林场建设者获得 2017 年联合国环保最高荣誉——"地球卫士奖"。

塞罕坝林场位于河北省承德市坝上地区，林地面积 112 万亩，是世界上面积最大的人工森林。如果把塞罕坝的树木按一米一棵的株距排列，可以整整绕地球赤道 12 圈。这片人造林每年可以向北京和天津供应 1.37 亿立方米的清洁水，同时释放约 54.5 万吨氧气。

而这一切的成就都源于塞罕坝人一株一株亲手种下的树苗。他们历时三代，耗时五十余年，终于造就了今天绿水青山的塞罕坝，成为整个世界的绿色奇迹。

知识小课堂

塞罕坝林场建设者的故事感动了中国，感动了世界，从黄沙漫天到树的海洋，塞罕坝每一株树苗都包含了林场建设者的辛劳汗水。正是因为塞罕坝林场建设者人人参与，齐心协力，才有了今天世界上最大的人工森林。

"众人栽树树成林"说的就是团结一致的力量。在我们的社会中，每一个机构运转都需要众人的配合，每一项工程都需要众人的合作，每一项事业都需要众人的努力。所以，对于建设社会主义核心价值观这样国家倡导的伟大事业，更需要人人参与、人人实践才能取得成功。

社会主义核心价值观是正确的价值观，是非常科学且具有指导意义的，包含国家、社会和个人三个层面。三个层面紧密联系，相辅相成。首先有国才有家，国强才能民富。国家强大，人民才能安心；国家安定，人民才能幸福，大河涨水小河才能满。同时，人人践行核心价值观，努力学习、爱岗敬业、辛勤劳作、诚信友善、和睦亲友，生活才会富裕幸福。人民的富足才能带来社会的安定和国家的繁荣，众人拾柴才能火焰高。

◆ 社会是人的集合，我们要学会与人团结

对核心价值观的践行是要落实到每一件事的，我们要从身边小事做起，从一点一滴做起，把"三个倡导"要求变成日常的行为准则，进而增强自觉奉行和日常践行的能力。要积极参加学雷锋、志愿服务活动，参与精神文明创建活动，在实践中深化对核心价值观的理解。

一个人的力量是有限的，14亿人汇集到一起的力量是无穷的。国家努力实现国家层面的价值目标，社会导向正确的价值取向，我们需要做的就是身体力行地去践行个人层面的价值准则。人人参与朝着同一个伟大目标前进，我们的社会就会越来越美好，我们的国家就会越来越强大。

听我说

2014 年 2 月 24 日，习近平总书记在主持中共中央政治局第十三次集体学习时发表讲话，他说："要切实把社会主义核心价值观贯穿于社会生活方方面面。要通过教育引导、舆论宣传、文化熏陶、实践养成、制度保障等，使社会主义核心价值观内化为人们的精神追求，外化为人们的自觉行动。"

社会主义核心价值观包含了生活中的方方面面，涉及我们每一个人的生活和工作，只靠少部分人的参与是根本不可能完成的。而且核心价值观的建立，是对每一个人都有益处的，是对整个社会、整个国家的发展都有益处的，所以这是一个巨大的、需要全体国民参与的事业。国家有法律的推动，社会有舆论的监督，我们个人也要积极发挥自身的作用，在日常生活中将核心价值观努力实践起来。

第五节　总书记对青年学生的"八字嘱托"

导言

2014 年 5 月 4 日，习近平总书记在北京大学同师生代表座谈时，对当代大学生提出"勤学、修德、明辨、笃实"的八字真经。

2015 年 7 月 24 日，中华全国青年联合会第十二届委员会全体会议、中华全国学生联合会第二十六次代表大会开幕，习近平总书记送给广大青年"十六字诀"：志存高远、德才并重、情理兼修、勇于开拓。

知识小课堂

1919 年 5 月 4 日，北京三所高校的 3000 多名学生云集天安门，进行游行示威活动。起因是中国在巴黎和会上的外交失败，北洋政府准备签订丧权辱国的"对德和约"，这引发了全国人民的愤慨，以北京高校学生和青年为代表的各阶层发起了轰轰烈烈的游行示威。这就是著名的五四运动。

五四运动是中国学生的爱国运动，揭开了全民族进行彻底的反帝反封建斗争的序幕。他们的爱国精神、为真理和正义而战的精神、不畏强暴和黑暗政治的精神值得任何时代的青年和学生学习。

无论在哪个时代，青年都是国家的未来和民族的希望。习近平总书记对于祖国的青少年更是寄予厚望，送给青少年"勤学、修德、明辨、笃实"的八字嘱托："勤学"就是要勤奋学习，"修德"就是要提升自己的品德修养，"明辨"就是要有分辨是非的能力，"笃实"就是要踏实肯干，坚持不懈。这八字嘱托对于青年学生在知识、品德、思维、行为各个方面的学习与提升有明确的指导意义。

　　除了"八字嘱托"，习近平总书记还曾多次殷切嘱托广大青年：青年的理想信念关乎国家未来。青年理想远大、信念坚定，是一个国家、一个民族无坚不摧的前进动力。青年志存高远，就能激发奋进潜力，青春岁月就不会像无舵之舟漂泊不定。

　　习近平总书记还提醒广大青年：要保持初生牛犊不怕虎、越是艰险越向前的刚健勇毅，勇立时代潮头，争做时代先锋。一切视探索尝试为畏途、一切把负重前行当吃亏、一切"躲进小楼成一统"逃避责任的思想和行为，都是要不得的，都是成不了事的，也是难以真正获得人生快乐的。

　　我们当今社会也涌现出了许多的时代好青年。中南大学的尹琨无偿捐献造血干细胞，救助了素不相识的白血病人；东南大学研究生许德旺出身贫寒却自立自强，带着生病的母亲考入大学，并自愿到偏远地区支教；华北水利水电大学的孟瑞鹏勇救两名落水小女孩，自己却永远离开了人间。还有捐髓救人的武汉大学研究生李龙俊、报效家乡的古丽加汗·艾买提，等等。

◆ 对祖国的热爱需要表达出来

在这些优秀的青年身上，我们看到了他们高尚的品德、坚定的信念，这正是我们在这个时代真正需要提倡和追求的。青年时期是一个人人生中最美好的时期，"花有重开日，人无再少年"，我们不要将这珍贵的时间浪费在虚无的享乐之上，而要抓住这大好时光，努力学习、勇敢尝试、坚定信念、追求理想。

听我说

习近平总书记的八字嘱托虽简练但是却有深刻的寓意，需要我们用心领悟。用总书记的话说，勤学，就是下得苦功夫，求得真学问；修德，就是加强道德修养，注重道德实践；明辨，就是善于明辨是非，善于决断选择；笃实，就是扎扎实实干事，踏踏实实做人。青少年不仅要有扎实的学问、良好的品德，还要有明辨是非的能力和踏实肯干的劲头，只要记住这八字真经，无论做什么，都一定会有所成就。

第六节　时代楷模树榜样

导言

　　"时代楷模"是由中宣部集中组织宣传的全国重大先进典型，充分体现"爱国、敬业、诚信、友善"的价值准则，充分体现中华传统美德，是具有很强先进性、代表性、时代性和典型性的先进人物。

　　党的十六大以来，党中央高度重视思想道德建设，公民道德素质和社会文明程度不断提升，涌现出一批又一批的先进典型和道德模范，有"最美司机""最美民警""最美卫士"等。2014 年至今共评出各行各业全国重大先进典型一百余名，他们就是中国的"时代楷模"，是最美的中国人。

知识小课堂

　　正值 2020 年中国传统春节，全国人民都沉浸在迎接新年的欢乐气氛中，一场突如其来的新型冠状病毒感染的肺炎疫情席卷中华大地。疫情来势汹汹，感染人数日渐增多，湖北省武汉市成为疫情的"风暴眼"，是疫情的高风险地区。

　　为了防止病毒扩散，2020 年 1 月 23 日武汉"封城"。武汉人民坚守自己的家园，既坚定又无助。就在这时，武汉本地的医护人员站了出来，全国各地的医护人员赶了过来，来自全国各地的 4.2 万名医护人员组成的医疗队纷纷驰援，向着最危险的地区进发。这些医护人员都有自己的家庭、自己的亲人，可是在疫情面前，他们毅然舍弃小家，冒着被感染的风险奔向武汉，被称为"最美逆行者"。

　　武汉金银潭医院的院长张定宇，不顾自身疾病和被感染的妻子，拖着病体坚持在抗疫一线；山西援鄂医疗队的王婷拉着 17 年前父亲抗击"非典"

的行李箱在 17 年后走向湖北抗疫的战场，传承了医者的使命；"90 后"女护士单霞为了方便工作，节约时间，同时也避免滋生细菌，剪掉了一头长发，奔赴抗疫前线；南城医院的护士长侯小琼，自疫情发生后就一直坚守在疫情的最前线，连续工作 9 天后，累倒在工作岗位上，还跟孩子说是自己忙，等忙完就回家；四川援鄂医疗队的"90 后"护士佘沙在疫情发生后多次主动请愿支援武汉，因为经历过汶川地震，更能理解什么是"一方有难八方支援"……

像这样的例子还有很多很多。疫情期间，所有医护人员都超负荷工作，一线医护人员要承受常人难以承受的辛苦。他们为了节约时间和防护服，尽量少喝水，甚至穿着成人纸尿裤工作。长时间戴着口罩、护目镜、防护罩，脸被压得伤痕累累。是每一位医护人员的无畏付出，铸就了挡在人民和病毒之间的坚强护盾。

好在所有人的努力没有白费，对抗新冠病毒的战役取得了喜人的成果，死亡人数一度归零。2020 年 9 月 23 日，国家授予多个援鄂抗疫医疗队"时代楷模"荣誉称号。

时代楷模是什么？是乐于助人、无私奉献，将希望带给他人，将危险留给自己，是爱岗敬业、忠于职守，以崇高的职业操守托起生命的方舟。援鄂医疗队的每一位医护人员在国家危难、人民需要时，勇担重任，勇敢前行，他们都是最美的时代楷模！

听我说

在抗击新型冠状病毒感染的肺炎疫情的过程中，是全国的医护人员们冲锋在最前线。他们在生活中也只是一个个平凡的人啊，做着平凡的工作，过着普通的生活。可是在疫情发生后，他们就成为英雄一般的存在。他们难道不怕病毒吗？他们不想和家人守在一起吗？当然想，可是他们选择了舍己为人，选择了大家，牺牲了小家。所以，时代楷模就来自平凡人，可以是你，可以是我，可以是我们身边每一个普通人，因为我们都秉承着同一个价值观：爱国、敬业、诚信、友善。

第七节　争做时代好人，做好人没那么难

导言

《孟子》说："取诸人以为善，是与人为善者也。故君子莫大乎与人为善。"这句话的意思是吸取别人的优点来自己行善，这就是偕同别人一道行善，所以君子最高的德行，就是偕同别人一道行善。

《三国志》说："勿以善小而不为，勿以恶小而为之。"这句话的意思是不要认为好事很小而不去做，不要认为坏事很小就去做。

古人的智慧启迪我们要做一个善良的人，而善良的人要做的，便是多做好事、善事，无论事情大小，只要是好事，我们就要不遗余力地去做。

知识小课堂

各人自扫门前雪，莫管他人瓦上霜，这句话仿佛在告诉我们和自己无关的事情不要管，对自己没有利益的好事不要做。然而同学们可知道，这句话出现时的语境其实是一种批判。祖先留下这句话，是为了教育我们不要这样去做。

每个人在生活中都遇到过可以施人以援手的机会，也都遇到过需要别人帮一把的窘境，如果人人都持明哲保身的态度，那我们这个社会还有美好存在吗？

也有人说，好事都是那些有能力的人做的，我们普通人哪有能力做好事呢？其实，好事不分对象，不分大小，只要我们愿意，生活中处处都有做好事的机会。

同学们听过船主与油漆工的故事吗？油漆工的工作只是给船刷漆，但

91

当他看到船有破洞的时候，尽管知道补洞不是他的义务，但是他还是将这个破洞补上了。油漆工无意之间的一个小小的善举，却拯救了船主的宝贵生命。

一个人的善举可能只不过是一件小事，但有道是"见微知著"，小事上体现出来的善心却是伟大的。而当我们将这种善心传递出去，让善举布满人间，那我们这个社会便会成为一个有爱的社会、和谐的社会。

同学们是否听说过白方礼老人的故事？老人从 1987 年开始义务为学校筹款、捐款，在 16 年里一共捐款 35 万元，资助了 300 多名贫困学生，而这些钱款的来源全是自己蹬三轮车的收入。

白方礼老人从没上过学，却一生关心教育，喜欢有学识的人，就靠着想让更多孩子接受教育、获得知识的信念，开始了漫漫捐助之路。他曾对南开大学的老师说："我这样一大把年岁的人，又不识字，没啥能耐可以为国家做贡献了。可我捐助的大学生就不一样了，他们有文化，懂科学，说不定以后出几个人才，那对国家贡献多大！"这是多么朴素而又伟大的信念！

2005 年 9 月 23 日，白方礼老人安详离世，享年 92 岁。白方礼老人出殡的那天，整条街挤满了自发为老人送行的人，绝大多数与老人素昧平生。他们都是被白方礼老人的事迹感动，前来送老人最后一程的。白方礼老人生前用自己的行动温暖了那么多素不相识的人，得到了无数人的敬仰。

白方礼老人只是一个最普通的劳动者，却依靠一个坚定的信念，做出了这样伟大的举动。我们很多人都比白方礼老人的生活富裕，为什么我们不能去做一些力所能及的好事呢？我们或许做不到像白方礼老人那样舍己为人、无私奉献，但是我们可以从身边做起，从小事做起。也许我们的举手之劳就能帮助别人，就能传播温暖。做好人不一定要轰轰烈烈，做好事也没有想象中那么困难。

在家中，孝敬父母，关爱亲朋；在学校中，尊敬师长，帮助同学；出门在外，主动给老弱病残让座；购物结账时，按秩序排队，这些都是做好事。

从外卖员手中接过食物时道一声"谢谢，辛苦了"；将垃圾分类并分开投放；业余时间加入志愿活动，帮助有需要的人；将自己的旧书旧衣服邮寄给贫困山区的孩子们；义务献血，为挽救他人生命贡献一份力量，这些也都是做好事……

"赠人玫瑰，手有余香。"在我们做好事的时候，不仅帮助了别人，还升华了自己。"勿以善小而不为。"如果每个人都能有这些善意的小举动，那终将汇成善意的大海，我们的世界也将会变得更加美好。

听我说

做一个好人，就像将一株小树苗培养成一棵苗壮成长的大树。小树苗生长需要阳光、沃土和水，做一个好人需要知识、品德和责任。刻苦学习知识，求得真学问；尊敬长辈，和人相处讲究诚信；遇到困难不退缩，勇于承担责任。做到有知识、有品德、有责任，就像心中好人的小树苗有了土壤、阳光和水，细心呵护，坚持不懈，小树苗终能长成参天大树。